"十四五"时期国家重点出版物出版专项规划项目
湖北省公益学术著作出版专项资金资助项目
工 业 互 联 网 前 沿 技 术 丛 书

高金吉 鲁春丛 ◎ 丛书主编
中国工业互联网研究院 ◎ 组编

工业互联网安全创新技术及应用

孙建国 田野 张立国 刘泽超 邓昌义 ◎ 编著

ADVANCED TECHNOLOGIES AND APPLICATIONS
FOR INDUSTRIAL INTERNET SECURITY

中国·武汉

内 容 简 介

本书针对当前工业互联网安全创新技术,主要介绍了工业控制系统概况、工业控制系统安全、工业控制系统脆弱性分析、工业控制系统威胁分析、工业控制系统安全防护技术、基于国密的工控安全协议等内容。

本书可作为计算机安全、工业控制系统、网络安全管理技术人员的参考书。

图书在版编目(CIP)数据

工业互联网安全创新技术及应用 / 孙建国等编著. -- 武汉:华中科技大学出版社,2025. 1. --(工业互联网前沿技术丛书). -- ISBN 978-7-5772-0343-0

Ⅰ. F403-39;TP393.08

中国国家版本馆 CIP 数据核字第 2024B86W35 号

工业互联网安全创新技术及应用　　　　　　孙建国　田　野　张立国
Gongye Hulianwang Anquan Chuangxin Jishu ji Yingyong　　　　　　　　　　　　　编著
　　　　　　　　　　　　　　　　　　　　　　刘泽超　邓昌义

出 版 人:阮海洪	
策划编辑:张少奇	
责任编辑:吴　晗	
封面设计:蓝畅设计	
责任监印:朱　玢	
出版发行:华中科技大学出版社(中国·武汉)	电话:(027)81321913
武汉市东湖新技术开发区华工科技园	邮编:430223
录　　排:武汉市洪山区佳年华文印部	
印　　刷:武汉市洪林印务有限公司	
开　　本:710mm×1000mm　1/16	
印　　张:12	
字　　数:210 千字	
版　　次:2025 年 1 月第 1 版第 1 次印刷	
定　　价:128.00 元	

本书若有印装质量问题,请向出版社营销中心调换
全国免费服务热线:400-6679-118　竭诚为您服务
版权所有　侵权必究

工业互联网前沿技术丛书

顾 问

李培根（华中科技大学） 黄 维（西北工业大学） 唐立新（东北大学）

编 委 会

主任委员： 高金吉（北京化工大学） 鲁春丛（中国工业互联网研究院）

委 员：

朱洪波（南京邮电大学）	刘 驰（北京理工大学）
江志农（北京化工大学）	孙建国（西安电子科技大学）
李 骏（南京理工大学）	李军旗（富士康工业互联网股份有限公司）
邱才明（华中科技大学）	佟为明（哈尔滨工业大学）
沈卫明（华中科技大学）	张 俊（武汉大学）
明新国（上海交通大学）	郑 英（华中科技大学）
郑泽宇（中国科学院沈阳自动化研究所）	贾云健（重庆大学）
黄 罡（北京大学）	黄 韬（北京邮电大学）
彭木根（北京邮电大学）	蔡 亮（浙江大学）
蔡鸿明（上海交通大学）	管海兵（上海交通大学）

工业互联网前沿技术丛书

组编工作委员会

组编单位： 中国工业互联网研究院

主任委员： 罗俊章　　王宝友

委　　员： 张　昂　　孙楚原　　郭　菲　　许大涛　　李卓然　　李紫阳　　姚午厚

作者简介

▶ **孙建国** 西安电子科技大学杭州研究院教授,博士生导师,工业软件研究所所长。工业数据要素流通与安全治理浙江省工程研究中心主任,国家工业互联网标准总体组专家,中国通信学会工业互联网专业委员会委员,中国自动化学会人工智能技术与工业应用专业委员会委员,中国船舶集团科技委计算机及软件专业组成员。近年来主持和参与了科技部、工业和信息化部、国家国防科工局、军委科技委的多项国家及省部级项目,发表学术论文60余篇,授权和申请国家发明专利20余项,获得省部级科技奖励6项,出版教材/专著10余部。

▶ **田 野** 西安电子科技大学博士后。主要从事工业网络安全、智能安全等方面的研究工作,作为主要负责人及参与人员先后承担和参与了工业和信息化部、科技部、国家国防科工局多项省部级课题,近5年在CCF A类会议、SCI期刊上发表高水平学术论文20余篇,申请国家发明专利10余项,获省部级科技奖励1项。

▶ **张立国** 哈尔滨工程大学教授,博士生导师,计算机科学与技术学院软件工程教学与研究中心主任。中国计算机学会高级会员,中国电子学会会员,中国人工智能学会委员,国家工业信息安全发展研究中心高级顾问,黑龙江省科技特派员。多次主持国家自然科学基金项目、国家重点研发计划项目、工业互联网创新发展工程项目,及其他省部级科研项目。在CCF A类会议和IEEE TIM、IEEE SJ等期刊上发表论文40余篇,申请国家发明专利20余项,获省部级科技奖励4项,出版教材/专著3部。

作者简介

▶ **刘泽超**　哈尔滨工程大学副教授，博士生导师。中国计算机学会高级会员，中国密码学会会员。主持多个国家级和省部级科研项目，已发表学术论文30余篇，出版学术专著1部，荣获省部级科技进步奖2项。

▶ **邓昌义**　国家工业信息安全发展研究中心软件所副所长，高级工程师，博士，全国两化融合标委会工业软件标准工作组（TC573/WG8）专家组成员。主要从事工业软件、工业操作系统、信息物理系统等研究工作，作为主要负责人先后承担工业和信息化部、科技部、国家国防科工局等多项课题。出版著作1部，发表SCI、EI学术论文20余篇，授权发明专利14项。主持的项目获2024年度中国物流与采购联合会科技进步奖二等奖。

总序一

　　工业互联网是新一代信息通信技术与工业经济深度融合的全新工业生态、关键基础设施和新型应用模式。它以网络为基础,以平台为中枢,以数据为要素,以安全为保障,通过对人、机、物的全面连接,变革传统制造模式、生产组织方式和产业形态,构建起全要素、全产业链、全价值链、全面连接的新型工业生产制造和服务体系,对提升产业链现代化水平、促进数字经济和实体经济深度融合、引领经济高质量发展具有重要作用。

　　"工业互联网前沿技术丛书"是由中国工业互联网研究院与华中科技大学出版社共同发起,为服务"工业互联网创新发展"国家重大战略,贯彻落实"互联网＋先进制造业""第十四个五年规划和2035年远景目标"等国家政策,面向世界科技前沿、面向国家经济主战场和国防建设重大需求,精准策划,汇集中国工业互联网先进技术的一套原创科技著作。

　　本丛书立足国际视野,聚焦工业互联网国际学术前沿和技术难点,助力我国制造业发展和高端人才培养,展现了我国工业互联网前沿科技领域取得的自主创新研究成果,充分体现了权威性、原创性、先进性、国际性、实用性等特点。为此,向为本丛书出版付出聪明才智和辛勤劳动的所有科技工作人员表示崇高的敬意!

　　中国正处在举世瞩目的经济高质量发展阶段,应用工业互联网前沿技术振兴我国制造业天地广阔,大有可为!本丛书主要汇集国内高校和科研院所的科研成果及企业的工程应用成果。热切希望我国IT人员与企业工程技术人员密切合作,促进工业互联网平台落地生根。期望本丛书这一绚丽的科技之花在祖国大地上结出丰硕的工程应用之果,为"制造强国、网络强国"建设作出新的、更大的贡献。

中国工程院院士
中国工业互联网研究院技术专家委员会主任
北京化工大学教授
2023 年 5 月

总序二

  工业互联网作为新一代信息通信技术与工业经济深度融合的全新工业生态、关键基础设施和新型应用,是抢抓新一轮工业革命机遇的重要路径,是加快数字经济和实体经济深度融合的驱动力量,是新型工业化的战略支撑。党中央高度重视发展工业互联网,作出深入实施工业互联网创新发展战略、持续提升工业互联网创新能力等重大决策部署。习近平总书记在党的二十大报告中强调,我国要推进新型工业化,加快建设制造强国、网络强国,加快发展数字经济,促进数字经济和实体经济深度融合。这为加快推动工业互联网创新发展指明了前进方向,提供了根本遵循。

  实施工业互联网创新发展战略以来,我国工业互联网从无到有、从小到大,走出了一条具有中国特色的工业互联网创新发展之路,取得了一系列标志性、阶段性成果。工业企业积极运用新型工业网络改造产线车间,工业互联网标识解析体系建设不断深化,新型基础设施广泛覆盖;国家工业互联网大数据中心体系加快构建,区域和行业分中心建设有序推进;综合型、特色型、专业型的多层次工业互联网平台体系基本形成,国家、省、企业三级协同的工业互联网安全技术监测服务体系初步建成;产业创新能力稳步提升,端边云计算、人工智能、区块链等新技术在制造业的应用不断深化,时间敏感网络芯片、工业 5G 芯片/模组/网关的研发和产业化进程加快,在大数据分析专业工具软件、工业机理模型、仿真引擎等方面突破了一系列平台发展瓶颈;行业融合应用空前活跃,应用范围逐步拓展至钢铁、机械、能源等 45 个国民经济重点行业,催生出平台化设计、智能化制造、网络化协同、个性化定制、服务化延伸、数字化管理等典型应用模式,有力促进工业企业提质、降本、增效及绿色、安全发展;5G 技术与工业互联网深度融合,远程设备操控、设备协同作业、机器视觉质检等典型场景加速普及。

征途回望千山远,前路放眼万木春。面向全面建设社会主义现代化国家新征程,工业互联网创新发展前景光明、空间广阔、任重道远。为进一步凝聚发展共识,展现我国工业互联网理论研究和实践探索成果,中国工业互联网研究院联合华中科技大学出版社启动"工业互联网前沿技术丛书"编撰工作。本丛书聚焦工业互联网网络、标识、平台、数据、安全等重点领域,系统介绍网络通信、数据集成、边缘计算、控制系统、工业软件等关键核心技术和产品,服务工业互联网技术创新与融合应用。

本丛书主要汇集了高校和科研院所的研究成果,以及企业一线的工程化应用案例和实践经验。由于工业互联网相关技术应用仍处在探索、更迭进程中,书中难免存在疏漏和不足之处,诚请广大专家和读者朋友批评指正。

是为序。

中国工业互联网研究院院长
2023 年 5 月

前言

随着数字化、网络化、智能化的快速发展,工业互联网已成为推动制造业转型升级、提高生产效率和创新能力的重要引擎。然而,工业互联网的广泛应用也带来了前所未有的安全挑战。从数据泄露、网络攻击到设备故障,工业互联网的安全问题已不仅仅是技术层面的难题,更是国家经济安全、社会稳定乃至全球产业链安全的重要保障。本书从系统概述、关键技术和创新应用三个维度,阐述了工业互联网信息安全和系统安全的理论、方法、技术和应用,有助于工业互联网的控制安全和数据安全的实现,形成安全防护新模式,服务国民经济的发展。

本书围绕工业互联网信息安全和控制安全的关键技术展开,共 6 章,其中:第 1 章工业控制系统概述,介绍了工业控制系统的概念、体系结构和发展历程,系统论述了典型工业控制系统的特点以及典型应用领域。第 2 章工业控制系统安全,论述了工业控制系统功能安全、信息安全及信息安全要素,讨论了工业控制系统安全发展历程,并对工业控制系统安全差异性进行了分析,归纳总结了工业控制系统安全的发展趋势。第 3 章工业控制系统脆弱性分析,首先从信息系统的脆弱性引入,详细介绍了脆弱性要素,论述了信息系统脆弱性的内容、识别和评估方法,并以层次分析法为例讲解了脆弱性评估;然后从工业控制协议、主机、设备、网络、系统等五方面对工业控制系统的脆弱性进行了详细说明。第 4 章工业控制系统威胁分析,从威胁模型的角度对工业控制系统面临的威胁进行了论述,概括了威胁模型的种类及原理,提出了工业控制系统的防护方法,针对国内外典型行业的重大安全事件进行了回顾性分析,并提出了相应的解决方案。第 5 章工业控制系统安全防护技术,从攻击来源、攻击目的与场景、攻击流程和攻击类型四方面对工业控制系统面临的攻击进行了详细的分析,提出了相应的防护体系,从内生安全和外建安全两个角度论述了防护技术。第 6 章基于国密的工控安全协议,从国密算法的角度入手,概述了 SM2、SM3 和 SM4 等国密算法,详细介绍了 Modbus TCP 网络拓扑、报文结构和通信流程,以及 DNP3 协议的层次结构、通信方式、报文格式和轮询模式,提出了基于国密的 Modbus TCP 安全协议和基于国密的 DNP3 安全协议。

本书重点论述了笔者团队在工业控制系统威胁分析、安全防护和国密安全协议关键技术领域的最新研究成果及其在工业互联网中的前沿应用,为读者提供了一个全新的视角来看待工业互联网下工业控制系统的新模式,为行业的发展提供新的思路和方向。

本书由孙建国总体策划,由田野和张立国统稿。其中,第 1 章由孙建国和田野撰写,第 2 章由孙建国和张立国撰写,第 3 章由张立国和刘泽超撰写,第 4 章由张立国撰写,第 5 章由邓昌义撰写,第 6 章由刘泽超撰写。

本书不仅适合从事工业互联网安全研究与应用的技术人员和工程师阅读,也为高等院校的师生以及相关领域的研究者提供了系统的知识框架和技术指南。通过对典型案例和应用场景的分析,我们希望本书能够帮助读者更好地理解工业互联网安全的复杂性,了解相关前沿技术,为实际工作中的安全防护和风险管理提供指导。

由于作者水平有限,书中难免存在疏漏和不妥之处,恳请读者批评、指正。

编著者

2024 年 10 月

目录

第1章 工业控制系统概述 /1
  1.1 工业控制系统简介 /1
    1.1.1 工业控制系统概念 /1
    1.1.2 工业控制系统的体系结构 /1
    1.1.3 工业控制系统发展历程 /2
  1.2 典型工业控制系统 /5
    1.2.1 DCS /5
    1.2.2 PLC /6
    1.2.3 SCADA 系统 /8
  1.3 典型应用领域 /9
    1.3.1 过程控制 /9
    1.3.2 离散控制 /9
    1.3.3 批量控制 /10
  1.4 工业控制系统与IT系统的区别 /10

第2章 工业控制系统安全 /13
  2.1 工业控制系统安全概念 /13
    2.1.1 工业控制系统功能安全 /13
    2.1.2 工业控制系统信息安全 /14
    2.1.3 工业控制系统信息安全要素 /15
  2.2 工业控制系统安全发展历程 /16
  2.3 工业控制系统安全差异性分析 /19
  2.4 工业控制系统安全发展趋势 /22

第3章 工业控制系统脆弱性分析 /24
  3.1 信息系统的脆弱性 /24

3.1.1 脆弱性要素 /24
3.1.2 信息系统脆弱性的内容 /31
3.1.3 信息系统脆弱性识别 /35
3.1.4 信息系统脆弱性评估 /40
3.1.5 脆弱性评估示例 /43

3.2 工业控制系统的脆弱性 /46
3.2.1 工业控制系统协议的脆弱性 /46
3.2.2 工业控制主机的脆弱性 /55
3.2.3 工业控制设备的脆弱性 /58
3.2.4 工业控制网络的脆弱性 /59
3.2.5 工业控制系统的脆弱性 /65

第4章 工业控制系统威胁分析 /72

4.1 威胁模型 /72
4.1.1 威胁建模的概念 /72
4.1.2 威胁建模分析的切入点 /73
4.1.3 威胁建模的主要步骤 /74
4.1.4 威胁建模的作用 /76
4.1.5 工业控制系统威胁模型的主要应用对象 /77
4.1.6 遇到的挑战 /77
4.1.7 威胁处理 /77

4.2 威胁模型的种类及原理 /78
4.2.1 STRIDE模型 /78
4.2.2 ASTRIDE模型 /81
4.2.3 DREAD模型 /82
4.2.4 攻击树模型 /83
4.2.5 攻击图模型 /84

4.3 工业控制系统的防护方法 /85
4.3.1 工业控制系统深度包检测安全防护模型 /85
4.3.2 软件定义网络工业控制系统边云协同信息安全防护方法 /87
4.3.3 改进孪生支持向量机入侵检测方法 /89
4.3.4 基于流量模型的入侵检测方法 /90
4.3.5 基于区块链的工业控制系统数据完整性 /92
4.3.6 随机森林两阶段分类器设计 /94

目录

  4.4 典型行业的重大安全事件 /95
    4.4.1 汽车生产线遭遇勒索病毒攻击事件 /95
    4.4.2 办公网络遭遇勒索病毒攻击事件 /96
    4.4.3 炼钢厂遭遇挖矿蠕虫病毒攻击事件 /97
    4.4.4 热电厂工业控制系统安全建设事件 /98
    4.4.5 电科院工业控制系统安全监测实验平台建设 /99
    4.4.6 轨道交通行业安全建设 /101
    4.4.7 石油石化行业安全建设 /101
    4.4.8 公安领域关键信息基础设施监测预警平台建设 /103
    4.4.9 工业互联网网络空间监测预警平台建设 /104
    4.4.10 智能制造企业相关事件 /104
    4.4.11 锻造企业工业控制安全建设 /106
    4.4.12 高校安全事件 /106
    4.4.13 国外水利领域的典型工业控制系统安全事件 /107
    4.4.14 国外电力领域的典型事件 /108
    4.4.15 国外交通领域典型事件 /109
    4.4.16 国外能源领域典型事件 /109
    4.4.17 国外制造业领域典型事件 /110

第5章 工业控制系统安全防护技术 /111
  5.1 针对工业控制系统的攻击分析 /111
    5.1.1 攻击来源 /111
    5.1.2 攻击目的与场景 /112
    5.1.3 攻击流程 /113
    5.1.4 常见攻击类型 /114
  5.2 安全防护技术体系 /117
  5.3 内生安全技术 /119
  5.4 外建安全技术 /121
    5.4.1 工业防火墙技术 /121
    5.4.2 物理隔离技术 /121
    5.4.3 虚拟专用网技术 /122
    5.4.4 入侵检测技术 /122
    5.4.5 准入控制技术 /123
    5.4.6 安全审计技术 /124
    5.4.7 主机白名单技术 /126

5.4.8 数据备份技术 /127

第6章 基于国密的工控安全协议 /128

6.1 国密算法 /128
    6.1.1 SM2 公钥加密算法 /128
    6.1.2 SM3 密码杂凑算法 /130
    6.1.3 SM4 对称加密算法 /131

6.2 Modbus TCP 协议 /132
    6.2.1 Modbus TCP 网络拓扑 /132
    6.2.2 Modbus TCP 报文结构 /134
    6.2.3 Modbus TCP 通信流程 /136

6.3 DNP3 协议 /137
    6.3.1 DNP3 层次结构 /137
    6.3.2 DNP3 通信方式 /138
    6.3.3 DNP3 报文格式 /139
    6.3.4 DNP3 轮询模式 /143

6.4 基于国密的 Modbus TCP 安全协议 /144
    6.4.1 Modbus TCP 协议安全隐患 /144
    6.4.2 Modbus TCP 安全通信协议 /145
    6.4.3 安全性分析 /150
    6.4.4 仿真实验 /152

6.5 基于国密的 DNP3 安全协议 /156
    6.5.1 DNP3 协议安全隐患 /156
    6.5.2 DNP3 安全通信协议 /157
    6.5.3 安全性分析 /162
    6.5.4 仿真实验 /164

参考文献 /170

第1章
工业控制系统概述

1.1 工业控制系统简介

1.1.1 工业控制系统概念

工业控制系统(industrial control system, ICS),也称工业自动化与控制系统,是一种由计算机和工业工程控制自动化部件组成,对实时数据进行采集、监控的自动控制系统。工业控制系统通常由控制器、传感器、传送器、执行器、输入和输出接口等按照一定的通信协议协同工作,通过测量、比较、计算、校正四个基本功能实现对工业基础化设施自动化运行过程的监控。工业控制系统应用范围广泛,是电力、石油化工、交通运输、城市给排水等领域的核心系统。

工业控制系统主要包括数据采集与监控(supervisory control and data acquisition, SCADA)系统、分布式控制系统(distributed control system, DCS)、可编程逻辑控制器(programmable logic controller, PLC)等。总体来看,SCADA系统是ICS的核心,主要功能是通过对设备的数据采集、数据测量、参数调节和各类反馈信号报警等实现对设备的实时监控。DCS管理功能相对集中,一般应用于流程生产领域,协调各个子系统在工作进程中的控制功能。PLC主要用于工业设备的具体工作与工艺控制,可以在远程站点收集工业数据并执行自动化命令,实现控制生产设备的开机和停止、检测生产环境、处理传感器数据。

1.1.2 工业控制系统的体系结构

工业控制系统主要由过程级、操作级以及各级之间和各级内部的通信网络构成,对于大规模的控制系统,也包括管理级。过程级包括被控对象、现场控制设备和测量仪表等;操作级包括工程师站和操作员站、人机界面和组态软件、控制服务器等;管理级包括生产管理系统和企业资源系统等;通信网络包括商用以太网、工业以太网、现场总线等。

从工业控制系统模型的层次看,工业控制系统可分为现场设备层、现场控制层、过程监控层、生产管理层和企业资源层等 5 个逻辑层,不同的层次发挥不同的作用,各层次的功能单元和资产组件映射模型如图 1-1 所示。

现场设备层主要包括各种传感器和设备执行器,通过协同工作的方式在实际生产过程中实现实时的数据感知采集与设备控制。

现场控制层主要包括 PLC、DCS 和远程终端单元(remote terminal unit,RTU)等各类控制器单元,对生产过程中的执行设备进行控制。

过程监控层主要包括集中式监控服务器、本地监控服务器和人机界面(human machine interface,HMI)等系统功能单元,在工程师站通过分布式 SCADA 实现对生产过程参数的采集与监控,并通过 HMI 实现人机交互。

生产管理层主要包括制造执行系统(manufacturing execution system,MES)功能单元,通过仓库管理系统、计划排程系统、先进控制系统、设备维护系统和物流调度系统等实现对生产过程的管理。

企业资源层主要包括企业资源计划(enterprise resource planning,ERP)系统功能单元,通过财务管理系统、资产管理系统和人力管理系统等为企业决策层及员工提供决策依据。

1.1.3　工业控制系统发展历程

工业控制系统最早在 18 世纪中期被应用于工厂生产流程中,用于调节风车中的磨盘间距。自此后的一个多世纪里,工业控制系统进入启蒙时期,主要被用于调节蒸汽系统中的温度、压力、液面状态和机器的转速。19 世纪至 20 世纪初期,随着工业革命的深入,工业控制系统在航海、制造、电力、交通等领域有了飞速的发展。在航海领域,法国工程师约瑟夫发明了动力辅助器——伺服机构,用以解决大型船只的操作机构与舵面之间传动机构响应延迟长的问题。同一时期,PLC 的前身——继电器被大量应用在制造领域,代替了人工控制。电力行业也投入大量资金,研发了用于调节电压或电流的电力检测与控制系统,从而保证电力系统稳定运行。陀螺仪在此期间首次应用于交通领域。1930 年埃尔默发明的早期主动式平衡装置被作为自动驾驶仪应用于远距离飞行器中。然而,由于经典控制理论尚未建立,启蒙时期的工业控制系统可靠性较差,在工作中要面临大量的物理安全性问题,同样一个控制系统常常由于转换使用环境而出现不同的问题。

1935 年,随着远距离有线及无线通信技术的应用,工业控制系统进入古典

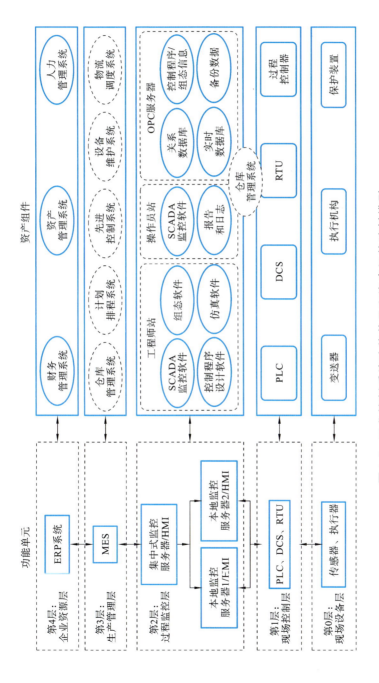

图 1-1 工业控制系统功能单元和资产组件映射模型

主义时期,也即理论革新时期。这一时期,美国电话电报公司拓宽了通信系统的带宽,建设者铸铁公司基于对实际工业控制系统的研究,系统性地提出控制理论,美国机械工程师协会（American Society of Mechanical Engineers, ASME）统一编制了控制系统的行业术语,于1936年成立了监管委员会。福克斯波罗公司主持研发了世界上首款反馈控制部件——比例积分控制器。麻省理工学院伺服机构实验室提出控制系统框图,模拟其工作过程。为了提高战场中装备的使用效率,各国政府都组织了大量的控制领域专家研究军事装备的控制问题,以提高移动平台的稳定性和装备目标跟踪效率,这些研究极大地促进了工业控制系统的发展。战后工业控制技术在民用方面得到了大量推广与大规模的更新换代。此时的工业控制系统更加耐用,操作精度更高,数据采集效率得到了极大的提高,基本做到实时采集数据。控制系统的操作也愈发简单明了,在发电厂、汽车制造厂、炼油厂得到了广泛的推广应用,极大地促进了这些行业的发展。

1950年,随着通信系统和电子计算机技术的发展,斯佩里-兰德公司将通信系统和电子计算机技术与工业控制系统相结合,研究开发了首款商用数据处理机,标志着工业控制系统进入数字化时代。多年后,世界上第一个使用单台计算机控制的数字化工业控制系统建设完成,被命名为直接数字控制系统,这也是世界上第一代计算机集中控制系统。随着数字化控制的实现,继电器慢慢成为制约控制系统的短板:当时继电器造价高昂,并且其控制逻辑在配置成功启用后就无法做出调整。为了克服继电器的这些缺陷,PLC作为继电器的替换部件被研究出来并广泛应用。最初的PLC通过模块化数字控制器实现,因此被命名为Modicon,并被应用于研磨领域,因其开关少、噪声低和部件耐久性高而收到了良好的用户反馈。随着大规模集成电路的高速发展,PLC展现出更强大的能力,其控制端口数量、控制频率都有了大幅度的提升,精密制造业因PLC的强力支撑而迅速发展。同时,通信技术的发展使得PLC的协议逐渐转变为公共协议,因而获得了更强大的兼容性,降低了维护更新成本。

在数字化时代,SCADA系统开始逐渐被应用在高压变电站、石油与天然气管道系统和自来水给排水系统等地理跨度极大的工业领域。相应工业领域的从业人员根据SCADA系统收集的整个系统状态信息来处理数据,并通过SCADA系统实现远距离通信,维护整个系统的工作状态。

RTU的出现助力了SCADA系统的远程数据采集与监控功能的发展,RTU通常配备额外的供电单元,以使其在其他系统断电的情况下仍能采用备用电源进行工作,实现在不同工况下的连续扫描且迅速反应的工作能力。

随着数字化控制设备的发展,各式各样的工业控制设备出现了,然而由于通信标准不同,来自不同厂商的不同产品之间很难兼容。为了解决这种协议难以兼容带来的系统部署、维护问题,1980年,电气与电子工程师学会(IEEE)在对市面上的工业控制系统协议进行筛选后,制定了分布式网络协议(DNP3),国际电工委员会(IEC)制定了 IEC 870-5-101 协议。工业控制系统发展进入标准化时代。

而后,1990年至2010年间,计算机技术、网络技术快速发展,工业控制系统逐渐向着管控一体化、工业企业信息化方向发展。管控一体化可以使企业选择到真正符合新经济时代的最佳解决方案,从而提高企业的生产效率,增强市场竞争能力。工业控制技术发展新方向是通过以太网和 Web 技术实现开放型分布式智能系统,基于以太网和 TCP/IP 协议的技术标准,提供模块化、分布式、可重用的工业控制方案。其最主要的方面就是发展基于网络的工程化工业控制与管理软件。

2010年开始,工业控制系统进入物联网智能化、万物互联时代。工业机器人、工业物联网、工业互联网等概念兴起。在多种技术集成方面,设备互操作技术、通用数据交换技术、EtherNET 和工业以太网技术等多种技术的集成出现了。其中通用数据交换技术又包括了动态数据交换(DDE)技术、网络动态交换(NetDDE)技术、开放数据库互联(ODBC)技术、COM/DCOM 组件对象模型以及 OPC 技术。而 EtherNET+TCP/IP 技术可以实现工业现场的控制参数和各网络节点的状态直接在企业信息网络内传输和共享,从而避免了 PLC、DCS 和现场总线控制系统存在多种协议而难以集成的局面。

1.2 典型工业控制系统

1.2.1 DCS

DCS 是工厂或制程中使用的计算机控制系统,其一般会有几个控制回路,自主的控制器分散在系统中,没有中央操作员的监控。这和传统集中型控制器(有许多的离散控制器放在中控室中,或是有一台中央控制的计算机)的概念恰好相反。DCS 可以增加系统的可靠度,将控制器放在靠近制程的位置,再在远端进行监视及控制。

DCS 最早出现在大型、高价、安全性要求高的产品的制造产业,之后因为

DCS制造商可以将区域性的控制器以及中央监控设备整合成一个方案,提高了DCS性能,因此广泛应用于电力、冶金、化工等行业。今天来看,SCADA系统和DCS的功能很类似,但DCS多数会用于可靠度及安全性都非常重要的大型连续性制程,而且控制室一般不会在地理距离很远的地方。

DCS是由分散在系统中不同节点的处理器所组成的控制系统,其基本特性是可靠度高。DCS可以缓解单一处理器造成的失效。若分布式控制系统中有一个处理器失效,只会影响生产流程中的某一部分;相对而言,若中央式控制系统中的处理器失效,整个系统都会受到影响。DCS的控制器离现场的输入/输出设备较近,也可以缩短网络或是中央处理上的延时,因此可以加快控制器的处理速度。

图 1-2 所示为计算机化分布式控制的生产控制层级示意图。

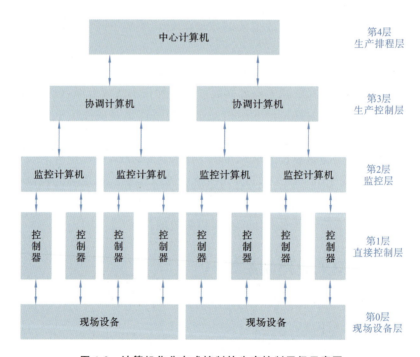

图 1-2 计算机化分布式控制的生产控制层级示意图

1.2.2 PLC

PLC 是一种具有微处理器的数字电子设备,用于自动化控制的数字逻辑控制器,可以随时加载与执行控制指令。PLC 由内部 CPU、指令及资料存储器、

第1章 工业控制系统概述

输入输出单元、电源模块、数字模拟单元等组合而成。PLC 可接收（输入）及发送（输出）多种类型的电气或电子信号，并使用这些信号来控制或监督几乎所有类型的机械与电气系统。

PLC 具有通用性强、使用方便、适应面广、可靠性高、抗干扰能力强、编程简单等特点。

目前，PLC 在国内外已广泛应用于钢铁、石油、化工、电力、建材、机械制造、汽车、轻纺、交通运输、环保、水处理及文化娱乐等各个行业，使用情况大致可归纳为如下几类。

开关量的逻辑控制：这是 PLC 最基本、最广泛的应用领域，它取代传统的继电器电路，实现逻辑控制、顺序控制，既可用于单台设备的控制，也可用于多机群控及自动化流水线（如注塑）的控制。

模拟量控制：在工业生产过程当中，有许多连续变化的量，如温度、压力、流量、液位和速度等都是模拟量。为了使 PLC 能处理模拟量，必须实现模拟量和数字量之间的 A/D 转换及 D/A 转换。PLC 厂家都生产配套的 A/D 转换和 D/A 转换模块，使 PLC 可用于模拟量控制。

运动控制：PLC 可以用于圆周运动或直线运动的控制。从控制机构配置来说，早期 PLC 用于开关量的逻辑控制，通过 I/O 模块连接位置传感器和执行机构来实现运动控制，现在一般使用专用的运动控制模块（如可驱动步进电机或伺服电机的单轴或多轴位置控制模块）来实现运动控制。世界上各主要 PLC 厂家的产品几乎都有运动控制功能，广泛用于各种机械、机床、机器人、电梯等的运动控制。

过程控制：过程控制是指对温度、压力、流量等模拟量的闭环控制。作为工业控制计算机，PLC 能编制各种各样的控制算法程序，完成闭环控制。PID 调节是一般闭环控制系统中用得较多的调节方法。大中型 PLC 都有 PID 模块，目前许多小型 PLC 也具有此功能模块。PID 模块一般运行专用的 PID 子程序。过程控制在冶金、化工、热处理、锅炉控制等方面有非常广泛的应用。

数据处理：现代 PLC 具有数学运算（含矩阵运算、函数运算、逻辑运算）、数据传送、数据转换、排序、查表、位操作等功能，可以完成数据的采集、分析及处理。这些数据可以与存储在存储器中的参考值进行比较，完成一定的控制操作，也可以利用通信功能传送到别的智能装置，或将它们打印制表。数据处理一般用于大型控制系统，如无人控制的柔性制造系统；也可用于过程控制系统，如造纸、冶金、食品工业中的一些大型控制系统。

通信及联网:PLC通信包含PLC间的通信及PLC与其他智能设备间的通信。随着计算机与网络技术的发展,工厂自动化网络发展得很快,各PLC厂商都十分重视PLC的通信功能,纷纷推出各自的网络系统,生产的PLC都具有通信接口,通信非常方便。

1.2.3 SCADA系统

SCADA系统一般是有监控程序及资料收集功能的控制系统。

SCADA系统包括以下的子系统:

(1) 人机界面(HMI) 一个可以显示程序状态的设备,操作员可以依此设备控制程序。

(2) 监控系统 可以采集数据,也可以提交命令监控程序的运行。

(3) RTU RTU通过连接程序中用到的众多传感器,采集数据后将数据以数字信息形式发送给监控系统。

(4) 通信网络 是提供监控系统及RTU(或PLC)之间传输资料的通道。

SCADA是指一个可以监控及控制所有设备的集中式系统,或是分布在一个区域(小到一个工厂,大到一个国家)中许多系统的组合。其中大部分的控制是由RTU或PLC完成,主系统一般只负责系统监控层级的控制。例如在一个系统中,由PLC来控制制程中冷却水的流量,而SCADA系统可以让操作员改变流量的目标值,设置需显示及记录的警告条件(例如流量过低、温度过高)。PLC或RTU会利用反馈控制来控制流量或温度,而SCADA则监控系统的整体性能。

数据采集由RTU或PLC完成,包括读取传感器数据、依SCADA需求发送设备的状态报告。数据有特定的格式,控制室中的操作员可以用HMI了解系统状态,并决定是否要调整RTU(或PLC)的控制,或是暂停正常的控制,进行特殊的处理。数据也会发送到历史记录器(operational historian),历史记录器一般架构在商用的数据库管理系统上,以便追踪趋势并进行分析。

SCADA系统一般配合分布式数据库使用,分布式数据库称为标签数据库,其中的数据元素称为标签或点。一个点表示一个单一的输入或输出值,可能是由系统所监控或控制。点可以是硬件的或软件的,一个硬件的点表示系统中实际的输入或输出,而软件的点则是根据其他点进行数学运算或逻辑运算后的结果(有些系统会把所有的点都视为软件的点,无论其实际上是硬件或软件)。一个点通常是以数据-时间戳对的方式存储,包括数据和数据计算或记录时的时间戳。一个点的历史记录即可以用一连串的数据-时间戳对表示,常常也会在存储时加上其他的信息,例如现场设备或PLC暂存器的路径、设计的注解及警告信息。

1.3　典型应用领域

1.3.1　过程控制

工业控制系统的过程控制是指通过计算机和传感器对生产过程中的温度、压力、流量、液位和成分等相关参数进行实时采集、自动控制和自动调节,使其符合生产要求,以提升工业系统的优良性,确保系统处于最佳工况,极大地提高系统的运行效率的过程。

过程控制一般通过 DCS 实现,如在化工过程控制中,通常通过 DCS 来控制反应器的反应温度,实现液位的快速控制。在化工工程中,对反应器温度的控制是保障产品质量的重要因素,而且稳定控制反应器温度也是化工工程安全生产的保障。若不能将化学反应产出的热量及时排出,则化学反应容器内部积累热量,会导致温度过高,从而影响工业生产甚至出现安全事故。影响反应器内部温度的关键在于生产过程中化工材料的流量,当材料流入比例在合理范围内时,反应器的温度能保持在正常工况范围。总体来看,过程控制对反应器温度的控制有升温升压、过渡和恒温恒压三个阶段。这三个阶段中,恒温恒压是重中之重。通常情况下,工厂的反应器体积都巨大,传热效果差,所以生产中保持恒温恒压的工况难度极大。当下被广泛应用的解决方案是通过 DCS 技术控制测量温度的应用仪器,削弱反应器传热效果差带来的生产问题,保证温度测量精度。当反应器温度升高时,DCS 技术采用分布式控制系统进行控制,使反应器温度稳定上升,保证工作的稳定性。在反应器温度变化过快时,分布式控制系统关断反应温度控制程序,提醒相关人员进行调节,保证过程控制的科学性。

在化学工业生产中,液位对于化学反应速率以及生产效率的影响很大,同时也影响着反应器的温度。在传统的化学生产工业中,反应塔的液位控制手段落后,需耗费大量的人力和物力。而利用 DCS 控制技术能极大地减小这种消耗,通过工业控制系统对反应塔液位数据进行实时采集与监控,当液位高度超出阈值时,控制系统迅速调整反应物的输入控制,使液位回到正常水平,既保证了化工生产效率,又节省了人力和物力资源。

1.3.2　离散控制

离散系统是指全部或关键组成部分的变量为离散信号,系统的状态在时间的离散点作突变的系统。在时间的离散时刻上取值的变量称为离散信号,离散信号一般是等时间间隔的数字序列,即通过一定的时间差进行采样而获得的数据。离散系统需用差分方程描述。离散系统理论广泛应用于工程系统领域,如脉冲控制、采样调节、数字控制等。离散事件动态系统是由触发事件驱动状态演化的动态系统。这种系统的状态通常只取有限个离散值,对应于系统部件的好坏、忙闲等可能状况。系统的行为可用它产生的状态或事件序列来描述。系统状态的改变是由某些环境条件的出现或消失,某些运算、操作的启动或结束等随机事件驱动而引起的。由于其状态空间缺乏可运算的结构,难以用传统的基于微分或差分方程的方法来研究,故利用计算机仿真进行离散系统实验研究常常是主要的方法。

1.3.3 批量控制

批量控制广泛应用于石油、化工、制药等领域,许多生产过程需要进行批量控制,比如定量装车系统和某些化工反应设备的批量装料等。批量控制的过程是对生产装置的产品出料或者反应原料进料的流量进行精确的计量和一些相对简单的逻辑控制的过程。各过程控制及自动化系统企业都纷纷推出了集成了过程控制系统的批量控制软件。这些批量控制软件遵循 ISA-88 标准,从配方的计划到设备控制,从简单的顺序控制到多产品多流量的混合控制,批量控制在石油、化工、制药等企业的精细化工装置中更易于实现。

在 ISA-88 标准出现以前,传统的批量控制系统一般使用顺序流程,然而这种控制系统无法灵活调整产品的生产工艺流程,在需要扩大产品生产线或调整工艺流程时,不能通过简单的修改而实现迅速、准确的调整,需要对整个系统进行修改并重新编制控制程序,从而影响生产效率。ISA-88 标准定义了通用的模型术语与操作方法,能够有效地促进批量生产过程的发展。遵循 ISA-88 标准的批量控制系统将配方程序和控制生产设备的代码分别存储于工作站和控制器中。在这种情况下,就可以实现仅修改工作站中的配方程序,而无须调整控制器中的代码来管理生产,提高企业生产的自动化程度。

1.4 工业控制系统与 IT 系统的区别

工业控制系统与 IT 系统主要在网络边缘、体系结构和传输内容三方面有着不同。

网络边缘:工业控制系统的边缘部分是智能程度不高的具传感和控制功能

的远动装置,而 IT 系统的边缘通常为通用计算机,两者之间在物理安全需求上差异很大。

体系结构:工业控制系统的结构在纵向高度集成,终端节点由主节点控制,主节点与终端节点为主从关系;而 IT 系统各节点是扁平的对等关系。工业控制系统和 IT 系统在脆弱节点分布上差异很大。

传输内容:工业控制系统传输内容为工业设备的控制信息,即遥测、遥信、遥控、遥调;IT 系统传输内容则较为复杂。

此外,在性能要求、部件生命周期和可用性要求等多方面,二者也存在差异,如表 1-1 所示。

表 1-1 工业控制系统与传统 IT 系统对比

比较项目	工业控制系统	传统 IT 系统
性能要求	实时通信 响应时间很关键 延迟和抖动都限定在一定的水平 适度的吞吐量	不要求实时性 可以忍受高时延和延迟抖动高的吞吐量
部件生命周期	15～20 年	3～5 年
可用性要求	高可用性 连续工作,不间断 若有中断必须提前进行规划并制定严格的时间表	可以重新启动系统 可用性缺陷经常是可以容忍的
风险管理要求	关注员工人身安全,以防危害公众的健康和信心,违反法律法规 关注对整个生产过程的保护和容错,不允许暂时停机	数据机密性和完整性至关重要 容错比较次要,暂时的停机不是主要风险,主要风险是延迟运作
系统操作	操作较复杂 修改或升级需要不同程度的专业知识	操作较简单 利用自动部署工具可较为简单地进行升级等操作
资源限制	资源受限 多数不允许使用第三方信息安全解决方案	指定足够的资源来支持增加的第三方应用程序,安全解决方案是其中的一种

续表

比较项目	工业控制网系统	传统 IT 系统
变更管理	变更前必须进行彻底的测试和部署,增量中断必须要提前数天/数周进行详细计划并确定时间表,系统也要求把再确认作为更新过程的一部分内容	通常可以自动地进行软件更新,包括信息安全补丁的及时变更
技术支持	专门的协议 目前常见的总线协议包括 Modbus、Profibus、CC-Link、EtherCAT、HSE 等	TCP/IP 等通信协议
通信方式	不同供应商产品之间互不支持通信,各自有许多专门的通信协议,多种类型的通信介质中,大体包括专用线和无线(无线电和卫星)两种	有标准的通信协议,主要在有局部无线功能的有线网络之间进行通信

第 2 章
工业控制系统安全

2.1 工业控制系统安全概念

工业控制系统广泛应用于能源(电力、石油石化、天然气、煤电)、交通(铁路、城市轨道、民航)、水利、市政、制造(钢铁、有色、化工、机械)、环保等关键基础行业,其安全关系到经济的发展和社会的稳定,是我国加快建设制造强国和网络强国的重要基础。

工业控制系统安全包括两个方面:一方面是设备安全;另一方面是系统自身安全。设备安全涉及的范畴是功能安全,而系统自身安全涉及的范畴就是信息安全,无论功能安全或信息安全都关乎生产安全,因而工业控制系统安全的本质是既要保证功能安全又要保证信息安全。此外,工业控制系统还需要考虑物理安全。

2.1.1 工业控制系统功能安全

功能安全是工业安全领域的重要概念,是指保证系统或设备执行正确的功能。它要求系统能识别工业现场的所有风险,并将风险控制在可容忍范围内。因此,功能安全是整体安全的一部分。所谓功能安全防护,就是指降低这类风险,这类系统和设施在电力、能源、冶金、机械等领域广泛使用,且在不同领域有不同的名称,如安全仪表系统、安全联锁系统、安全控制系统、安全保护系统等。

从工业安全的角度,通常需要对每一个工业生产场所进行详细的危险识别和风险评估,才能确定包括哪些危险源,应该如何控制风险,以及风险实际控制水平如何,最终确定是否实现工业安全,从而确保工业生产过程中没有不可容忍的风险。

功能安全系统使用安全完整性等级的概念已有近 20 年历史,它允许一个部件或系统的安全水平表示为单个数字,而这个数字是为了保障人员健康、生产安全和环境安全而提出的基于该部件或系统失效率的保护因子。

2.1.2 工业控制系统信息安全

1. 工业控制系统信息安全现状与威胁

1）工业控制系统信息安全现状

目前,我国企业使用了大量的自动化设备(如 PLC、DCS、RTU),并建设了现代化的工业控制信息网络,生产效率大大提高。但是很多企业在建设工业控制网络时,接入了日常办公网络。这样,办公网络的安全问题会带入工业控制网络中,对工业控制网络构成安全威胁。

不同的企业或组织,根据其内部工业控制系统的运行状态,并结合企业自身对实时性、完整性和机密性的要求,对工控网络安全产品提出自己特定的要求,并根据自己的要求选用不同的控制协议,这些控制协议包括 Modbus、S7、OPC、IEC-104、DNP3 等。

工业基础设施在享受开放、互联技术带来的进步与便利的同时,也面临越来越严重的安全威胁。近年来,出现了越来越多的工业信息安全事件,工业基础设施正面临着前所未有的挑战。工业基础设施中关键应用或系统的故障可能造成人员伤亡、严重的经济损失、基础设施被破坏等严重后果,危及公众生活及国家安全。因此,必须对工业控制系统采取必要的网络安全措施,以保障工业控制系统的网络安全。

2）工业控制系统信息安全威胁

工业控制系统信息安全威胁包括以下几个方面。

(1) 敌对因素。

敌对因素可以来自内部或外部的个体、专门的组织或政府,通常采用包括黑客攻击、数据操纵(data manipulation)、传播病毒等手段,攻击自动化系统的要害或弱点,使得工业网络信息的保密性、完整性、可靠性、可控性、可用性等受到伤害,造成不可估量的损失。

(2) 偶然因素。

偶然因素来自内部或外部的专业人员、运行维护人员或管理员,他们由于技术水平的局限性及经验的不足,出现各种意想不到的操作失误而对系统或信息安全产生较大的影响。

(3) 系统结构因素。

系统结构因素来自系统设备、安装环境或运行软件。由于老化、资源不足或其他情况造成的系统设备故障、安装环境失控及软件故障,对工业系统信息安全产生较大的影响。

(4)环境因素。

环境因素可以是自然灾害或人为灾害、非正常的自然事件(如太阳黑子等)和基础设施破坏。环境因素会对工业控制系统信息安全产生较大的影响。

2. 工业控制系统信息安全定义

在 IEC 62443 中针对工业控制系统信息安全的定义要点如下:

① 保护工业控制系统所采取的措施;

② 由建立和保护工业控制系统的措施所得到的系统状态;

③ 能够避免对工业控制系统资源的非授权访问和非授权或意外的变更、破坏、损失;

④ 基于计算机系统的能力,能够保证非授权人员和系统既无法修改软件及其数据,也无法访问系统功能,但授权人员和系统不被阻止;

⑤ 防止对工业控制系统的非法或有害入侵,以及其对正确和计划操作的干扰。

工业控制系统信息安全问题不仅可能造成信息的丢失,还可能造成工业过程生产故障的发生,从而造成人员伤亡及设备损坏,其直接经济损失是巨大的,甚至可能引起环境问题和社会问题。

工业控制系统信息安全是工业领域信息安全的一个分支,是自伊朗"震网"事件发生后逐渐发展起来的一个热点。事实上,工业控制系统信息安全的需求随着工业控制系统的发展一直在改变,只是在伊朗"震网"事件之前没有受到重视。

工业控制系统信息安全是集成了信息安全技术与工业自动化控制技术的跨学科全新领域,它涵盖国家基础设施安全、国防安全、经济安全等领域,并深刻影响工业发展、城市建设和人民生活安全。自工业控制系统信息安全这一课题被业界人士提出以来,工业控制系统信息安全防护理念已经历了一系列的演变,从以隔离为手段的终端安全防护、以纵深防御为手段的边界安全防护,逐步发展到以工业控制系统内在安全为主要特征的持续性防御体系,不仅要求涵盖不同防御层次、协同运用多种技术,更要拥有发现隐患、管理威胁、预知威胁和主动修复的能力。

2.1.3 工业控制系统信息安全要素

工业控制系统信息安全是针对工业控制系统的信息保护而言的,其信息安全的3个基本要素为可用性(availability)、完整性(integrity)、保密性(confidentiality)。

1. 可用性

工业控制系统信息安全必须确保所有控制系统部件可用。

工业控制系统运行前必须进行测试，以确保高可用性。除了意外中断外，为了保证生产连续，许多工业控制系统不允许随便停止和启动。有些工业控制系统采用冗余组件并行运行，在主组件出问题时可以切换到备份组件。

2. 完整性

工业控制系统信息安全必须确保所有控制系统信息的完整性和一致性。

（1）数据完整性，即数据未被篡改或损坏。

（2）系统一致性，即系统未被非法操纵，按既定的目标运行。

3. 保密性

工业控制系统信息安全必须确保所有控制系统的信息安全，配置必要的授权访问功能，防止工业信息被盗取。

2.2　工业控制系统安全发展历程

根据工业安全事件信息库(repository of industrial security incidents, RISI)的统计，针对工业控制系统的重大攻击事件层出不穷，随着通用协议、通用硬件、通用软件在工业控制系统中的应用，对过程控制和数据采集监控系统的攻击呈增长态势。

针对工业控制系统的攻击主要威胁其功能安全和信息安全，以达到直接破坏控制器、通信设备，篡改工业参数指令，或入侵系统破坏生产设备和生产工艺，获取商业信息等目的。

对工业控制系统破坏的形式主要是对工业控制系统的非法入侵，目前此类事件已频繁发生在电力、水利、交通、核能、制造业等领域，给相关企业造成重大的经济损失，甚至威胁国家的战略安全。以下是一些典型的工业控制系统遭入侵事件。

2000年3月，澳大利亚昆士兰新建的Maroochy污水处理厂无线连接信号丢失，污水泵工作异常，控制系统被一位前工程师通过一台手提电脑和一个无线发射器侵入，控制了150个污水泵站，前后三个多月排放100万升未经处理的污水到自然水系，导致当地环境受到严重破坏。

2003年，美国俄亥俄州的戴维斯-贝斯(Davis-Besse)核电站在常规维护时，施工商自行搭接对外连接线路，以方便其工程师进行远程维护工作，结果当私人电脑接入核电站网络时，电脑上携带的 SQL Server 蠕虫病毒传入核电站网络，致使核电站的控制网络全面瘫痪，系统停机将近 5 h。

2006 年 8 月，美国 Browns Ferry 核电站，因其控制网络上的通信信息过载，导致控制水循环系统的驱动器失效，使反应堆处于"高功率，低流量"的危险状态，核电站工作人员不得不全部撤离，直接经济损失达数百万美元。

2007 年，攻击者入侵加拿大的一个水利工程 SCADA 系统，通过安装恶意软件破坏了用于控制萨克拉门托河河水调度的计算机系统。

2008 年，攻击者入侵波兰罗兹(Lodz)市的城市铁路系统，用一个电视遥控器改变了轨道扳道器的运行，导致四节车厢脱轨。

2010 年 6 月，白俄罗斯安全专家发现可攻击工业控制系统的"震网"病毒，截至 9 月底，该病毒感染了全球超过 45000 个网络，其中伊朗受攻击最为严重，直接造成其核电站推迟发电。

2017 年 4 月 14 日晚，黑客团体 Shadow Brokers(影子经纪人)公布一大批网络攻击工具，其中包含"永恒之蓝"工具，"永恒之蓝"利用 Windows 系统的 SMB 漏洞可以获取系统最高权限。5 月 12 日，不法分子通过改造"永恒之蓝"制作了 WannaCry 勒索病毒，攻击了欧洲以及中国的一些行业网站。

2019 年 3 月，据外媒报道，挪威铝生产商 Norsk Hydro 公司于当月 19 日遭到一款新型勒索软件 LockerGoga 攻击，企业 IT 系统遭到破坏，被迫临时关闭多个工厂，并将挪威、卡塔尔和巴西等国家的工厂运营模式改为手动运营模式，以继续执行某些运营。

2021 年 2 月，起亚汽车美国分公司遭受 DoppelPaymer 恶意团伙发动的勒索软件攻击，被开出 2000 万美元天价赎金，如果拒绝支付，不仅锁定数据无法还原，盗取的起亚内部信息也将被公之于众。

2021 年 5 月 7 日，美国最大燃油运输管道商 Colonial Pipeline 公司遭受勒索软件攻击而被迫暂停输送业务，对美国东海岸燃油供应造成了严重影响。次日，美国联邦汽车运输安全管理局因此宣布多个州进入紧急状态。这是美国首次因网络攻击而宣布多州进入国家紧急状态，此前公布的紧急状态大多与美国政府实施国家制裁或军队及公共卫生相关。为了防止事态进一步扩大，该公司主动将关键系统脱机，以避免勒索软件的感染范围持续蔓延，并聘请了第三方安全公司进行调查。

通过对相关工业控制系统安全事件案例进行分析可以发现,导致工业控制系统安全问题日益加剧的原因有以下几点。

1. 工业控制系统自身有漏洞、防护措施薄弱

工业控制系统的设计开发并未将系统防护、数据保密等安全指标纳入其中。另外,工业控制系统使用的现场控制设备大量使用了标准的信息网络技术和产品。这些技术和产品并没有针对工业控制系统的应用环境进行优化和专门设计,导致工业控制系统引入了大量的漏洞。

很多企业中,工业控制系统类型多样,安全管理意识和职责不明确,导致网络间的数据传输和授权管理未实施明确的安全策略。经统计,工业控制系统遭入侵的方式多样,其入侵途径以通过企业广域网及商用网络方式为主,除此之外还包括通过工业控制系统与互联网的直接连接方式等。

2. 终端安全管理问题突出

工业控制系统终端具有远程维护或诊断功能,但不具有严格的安全措施,可能导致系统的非授权访问。同时移动终端自身的安全问题(如病毒、木马等恶意程序),也可能感染整个系统。

3. 入侵、攻击手段隐蔽

大多入侵和攻击工业控制系统的手段都极为隐蔽,木马和蠕虫病毒的潜伏周期较长,待发现时已造成严重损失。金山安全的统计报告显示,一般的防御机制需要2个月的时间才能确认针对工业控制系统的攻击行为,对于更为隐蔽的"震网"病毒及"Duqu"病毒,则需要长达半年之久。

自"震网"病毒暴发以来,工业控制系统的安全就成为各国所关注的焦点。工业控制系统信息安全成为新的关注点主要有两个方面的原因:一方面,过去的工业控制系统使用专业的系统、专业的队伍、专业的设备,只有小范围人群了解和掌握。随着计算机技术的发展,很多专业的系统实现了通用化,现在的工业控制系统开始在通用技术的基础上做专业的系统设计,如操作系统、数据库软件、通信协议等计算机通用产品和协议,这样一来,存在于计算机信息系统中的漏洞被带到了工业控制系统里。另一方面,长期以来工业控制系统并没有因为信息安全问题发生大的事故,人们普遍认为病毒很少能对工业控制系统造成危害。但是,伊朗"震网"事件给了全世界一个警示,计算机病毒不仅可以感染工业控制系统,而且可以对控制对象进行物理破坏。

针对越发严重的工业控制系统遭入侵等安全事件,世界各国都在积极研究相应的应对措施。欧美先后制定了 IEC 62443、NIST SP800-82 等标准。

美国、欧盟工业控制系统安全研究起步早,已取得较大成果。尤其是美国,起步早,研究内容全面,发布的标准文献、指导性文献大都有第三代更新版;美国建设有包括爱达荷国家实验室、桑迪亚国家实验室、太平洋西北国家实验室等六家工业控制系统安全研究重点实验室;美国国家标准与技术研究院(NIST)制定标准 NIST SP800-82、NIST 800-53 等,且在不断地更新标准以适用新的安全局势。欧盟网络与信息安全局制定专刊《保护工业控制系统》,被称为是欧盟工业控制安全研究的集大成者;国际电工委员会(IEC)制定标准 IEC 62443,用以指导工业控制系统安全建设。

美国成立了工业控制系统网络应急小组(Industrial Control Systems Cyber Emergency Response Team,ICS-CERT),专注于协助美国计算机应急响应小组(US-CERT)处理工业控制系统安全方面的事宜,其职能包括:对已发生的工业控制安全事件进行处理分析,以避免将来发生类似的安全事件;引导进行系统脆弱性分析和恶意软件分析;提供对事件响应和取证分析的现场支持;等等。同时美国国土安全局建立了工业控制系统联合工作小组(Industrial Control Systems Joint Working Group,ICS-JWG),主要职责是促进国家工业控制系统的信息共享,降低系统风险。

我国工业控制系统安全研究起步晚,呈现出底子薄弱、点状发展的特点;研究机构企业分散,核心设备主要靠进口,相关标准大多参考国外的。目前,我国工业控制系统的安全形势非常严峻。调查发现,约 80% 的企业从来不对工业控制系统进行升级和漏洞修补,有 52% 的工业控制系统与企业的管理系统、内部网络甚至互联网连接;此外,一些存在漏洞的国外工业控制产品依然在国内的某些重要装置上使用;更为严重的问题还在于,我们缺乏发现风险源头的手段,对控制风险的技术与方法缺乏必要的研究。对此,我国先后发布了《工业控制系统信息安全防护指南》(工信部信软〔2016〕338 号)、《加强工业互联网安全工作的指导意见》(工信部联网安〔2019〕168 号)等文件,促进工业控制系统信息安全体系的建设。

2.3 工业控制系统安全差异性分析

1. 工业控制系统安全与 IT 系统安全的区别

IT 系统安全一般要实现三个目标,即保密性、完整性和可用性,通常将保密性放在首位,并配以必要的访问控制,以保护用户信息的安全,防止信息盗取事件的发生,完整性放在第二位,而可用性则放在最后,优先级如图 2-1 所示。

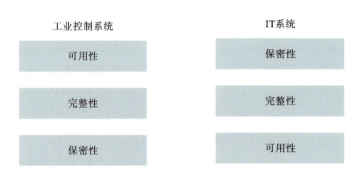

图 2-1　IT 系统安全与工业控制系统安全优先级

注:从上往下,优先级递减。

对于工业控制系统而言,目标优先级则正好相反。工业控制系统安全首要考虑的是所有系统部件的可用性,完整性则在第二位,保密性通常都放在最后考虑。因为工业数据都是原始格式,所以需要配合有关使用环境进行分析才能获取其价值。而系统的可用性则直接影响企业生产,生产线停机或者误动作都可能导致巨大经济损失,甚至是人员生命危险和环境破坏。

除此之外,工业控制系统的实时性指标也非常重要。工业控制系统要求响应时间大多在 1 ms 以内,而通用商务系统能够接受 1 s 或几秒的响应时间。工业控制系统安全还要求保证持续的可操作性及稳定的系统访问、系统性能、专用工业控制系统安全保护技术,以及全生命周期的安全支持。这些要求都是保证系统安全所必需的。

2. 工业控制系统信息安全、功能安全与物理安全

工业控制系统信息安全的评估方法与功能安全的评估方法有所不同。虽然两者都为保障人员健康、生产安全和环境安全,但是功能安全使用的安全完整性等级是基于随机硬件失效的一个部件或系统失效的可能性计算得出的,而信息安全系统有着更为广阔的应用,影响信息安全的因素非常复杂,很难用一个简单的数字描述出来。然而,功能安全的全生命周期安全理念同样适用于信息安全,信息安全的管理和维护也应是周而复始、不断进行的。

工业控制系统安全除了功能安全及信息安全外,还需要考虑物理安全的建设。物理安全主要保护信息系统和网络设施免受电击、火灾、辐射、机械危险、化学危险等因素破坏和其他潜在的安全威胁。它包括确保信息系统和网络设施的物理环境安全，如访问控制、系统监控和报警等。

物理安全、功能安全与信息安全的关系如图 2-2 所示。

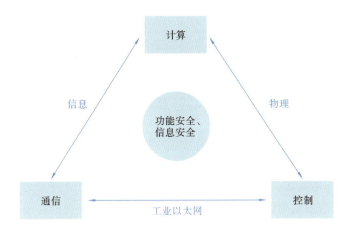

图 2-2　物理安全、功能安全与信息安全的关系

在伊朗震网事件发生之前，企业保障工业控制系统安全的精力绝大部分放在保障生产环节的功能安全上，大大忽略了对工业控制系统信息安全防护的建设，也正因为如此，才会频频出现工业控制系统信息安全攻击事件。在传统信息安全领域中常见的木马、蠕虫以及 DDoS 攻击手段都能对工业控制系统造成极大的破坏，影响控制系统和控制数据的完整性，使得生产环节出现生产中断、设备受损等极为严重的生产事故。

随着新的计算技术、网络技术和控制技术不断涌现，信息-物理高度融合的新型工业控制系统已成为未来智能工业发展的新趋势。智能工业控制系统作为计算进程和物理进程的统一体，通过两者之间的实时交互，并使用网络化空间以远程、可靠、实时、安全、协作的方式操控物理实体，实现无处不在的环境感知、嵌入式计算、网络通信和协同控制等功能。因此，对于如今的工业控制系统，功能安全和信息安全将紧密结合，并且体现在智能化工业生产的全生命周期，使工业控制系统具有内在安全的本质特征。

融合功能安全和信息安全的一体化安全是如今工业控制系统的核心要素，在计算进程和物理进程相互影响的反馈循环中，构建一个可控、可信、可扩展并且安全高效的智能工业网络，涵盖硬件设备、工业参数、控制指令方面。因此，构建面向工业控制系统的一体化安全防护体系需要从信息、物理两个角度出发,涉及工业生产过程的安全防护。

2.4 工业控制系统安全发展趋势

1. 全行业覆盖

目前,工业控制系统广泛应用于我国电力、冶金、安防、水利、污水处理、能源、化工、交通运输、制药,以及大型制造等行业中。据不完全统计,超过80%涉及国计民生的关键基础设施是依靠工业控制系统来实现自动化作业的,工业控制系统已是国家安全战略的重要组成部分。因此,工业控制系统信息安全有全行业覆盖的趋势。

2. 经济越发达安全事件越多

国家经济越发达,工业控制系统应用越广泛;国家经济越发达,工业管理要求越高,工厂信息化建设水平越高。因此,工业控制系统安全有经济越发达,工业控制系统安全事件就越多的趋势。

3. 新的信息安全问题日益增多

新技术、新应用层出不穷,云计算、移动互联网、大数据、卫星互联网等领域的新技术、新应用带来了新的信息安全问题。因此,工业控制系统新的信息安全问题有日益增多的趋势。

工业控制系统漏洞攻击正向着简单控制器受攻击增多、利用网络协议进行攻击、专业攻击人员进行攻击、利用病毒进行攻击、工业控制系统漏洞挖掘与发布同时增长的趋势发展。当前,美国和欧盟都从国家战略的层面在开展各方面的工作,积极研究工业控制系统信息安全的应对策略。我国也在政策层面和研究层面积极开展工作,但我国工业控制系统信息安全工作起步晚,总体上技术研究尚处于起步阶段,管理制度不健全,相关标准规范不完善,技术防护措施不到位,安全防护能力和应急处理能力不高。这些问题都威胁着我国工业生产安全和社会正常运作。因此,整合各方优势资源,促进工业控制系统信息安全产业的形成,是未来工业控制系统网络信息安全发展的基本趋势。

工业控制系统信息安全技术的发展,将随着工业自动化系统的发展而不断演变。目前自动化系统发展的趋势就是数字化、智能化、网络化和人性化。同时,随着将更多的IT技术应用到传统的逻辑控制和数字控制中,工业控制系统信息安全技术未来也将进一步借助传统IT技术,使其更加智能化、网络化,成为控制系统中不可缺少的一部分。与传统互联网的信息安全产品研发路线类似，工业控制系统信息安全产品将在信息安全与工业生产控制之间找到契合点，形成工业控制系统特色鲜明的安全输入、安全控制、安全输出类产品体系。值得指出的是，随着工业控制系统信息安全认知和相关技术的不断深化，必将产生一系列与工业控制系统功能安全、现场应用环境紧密相关的、特色鲜明的工业控制系统安全防护工具、设备及系统。

  工业控制系统的安全领域方向完全取决于工业控制系统的未来发展，在通用协议、通用软/硬件投入使用后，工业控制系统和企业网络呈现出高度的一体化趋势，为安全事件的发生提供了条件。虽然世界各国都在加大对工业控制系统安全方面的探索和分析，但当前仍然没有取得较为理想的成果。未来的工业控制系统信息安全发展，必然会在功能安全、信息安全和物理安全几方面进行提升和优化，而技术环节与管理环节是实现目标的着手点。优化系统安全性的有效措施包括：第一，评估当前所使用的工业控制系统安全风险，主要是分析工业控制系统在网络结构以及漏洞方面的具体情况，结合实际情况对整个系统的风险等级进行评判；第二，在确定系统风险等级后，以此作为制定针对性规范及政策的基础，从技术角度和管理方面实施相应措施，包括对数据库、操作系统以及防火墙进行升级和完善，设置系统访问的各级权限，定时对系统补丁进行安装等；第三，严格、全面管理系统各个组件的性能，要注意严禁使用关键设备及控制器上的对外接口，对当前存在的系统漏洞进行及时的修补等，最大限度地保证所设置的配置选项已经达到最为安全的状态；第四，对控制系统和参与工作的人员进行相关的安全培训，在培训与教育的过程中，帮助员工树立工业控制系统信息安全重要性意识，制定定期培训的方案，通过培训让所有员工都能对安全相关的规章制度有所了解，并能够将制度落实到工作的各个环节中，所有相关人员能够认真遵守。

第 3 章
工业控制系统脆弱性分析

3.1 信息系统的脆弱性

3.1.1 脆弱性要素

脆弱性是伴随着资产的价值而生的,其自身没有任何危害,只有在被相应的威胁源利用才会对系统造成损害。当系统的安全需求未满足时,系统的脆弱性会增加。同时,系统的脆弱性会增加系统受到攻击的概率,系统风险也随之增大。综上,资产因为脆弱性可能暴露资产的价值,脆弱性越高则风险越大,威胁利用脆弱性危害资产。

脆弱性相关要素包括资产、威胁、安全需求和风险,如图 3-1 所示。

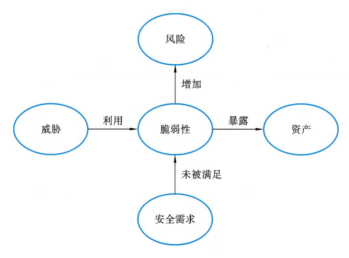

图 3-1 脆弱性要素关系图

第3章 工业控制系统脆弱性分析

1. 资产

资产是对组织具有价值的信息或资源,是安全策略保护的对象。资产的价值是资产的固有属性,资产价值是资产的重要程度或敏感程度的表征,也是进行资产识别的主要内容。

信息系统资产可以分为信息资产、软件资产、物理资产和人员资产。其中:信息资产是保存在信息媒介上的各种数据资料,包括源代码、数据库数据、各类系统文档、设备和系统的配置信息、用户手册等;软件资产包括各类系统软件、应用软件和源程序;物理资产主要包括网络设备、计算机设备、存储设备、安全设备、传输线路、保障设备、各类基础物理设施和其他设备;人员资产是组织内部各类具备不同综合素质的人员,他们掌握着重要信息和核心业务。

保密性(C)、完整性(I)和可用性(A)是评价资产的三个安全属性。风险评估中资产的价值不是以资产的经济价值来衡量的,而是由资产在这三个安全属性上的达成程度或者其安全属性未达成时所造成的影响程度来决定的。按照CIA模型,资产的价值赋值如表3-1所示。

表3-1 资产价值赋值表

级别定义	保密性 (C)	完整性 (I)	可用性 (A)
5	包含组织最重要的秘密,关系未来发展的前途命运,对组织根本利益有着决定性影响,如果泄露会造成灾难性的损害	完整性价值非常关键,未经授权的修改或破坏会对组织造成重大的或无法接受的影响,对业务冲击重大,并可能造成严重的业务中断,难以弥补	可用性价值非常高,合法使用者对信息及信息系统的可用度每年达到99.9%以上,或系统不允许中断
4	包含组织重要秘密,其泄露会使组织的安全和利益遭受严重损害	完整性价值较高,未经授权的修改或破坏会对组织造成重大影响,对业务冲击严重,较难弥补	可用性价值较高,合法使用者对信息及信息系统的可用度达到每天90%以上,或系统允许中断时间小于10 min
3	包含组织的一般性秘密,其泄露会使组织的安全和利益受到损害	完整性价值中等,未经授权的修改或破坏会对组织造成影响,对业务冲击明显,但可以弥补	可用性价值中等,合法使用者对信息及信息系统的可用度在正常工作时间达到70%以上,或系统允许中断时间小于30 min

续表

级别 定义	保密性 （C）	完整性 （I）	可用性 （A）
2	涉及仅能在组织内部或在组织某一部门内部公开的信息，向外扩散有可能对组织的利益造成轻微损害	完整性价值较低，未经授权的修改或破坏会对组织造成轻微影响，对业务冲击轻微，容易弥补	可用度较低，合法使用者对信息及信息系统的可用度在正常工作时间达到25%以上，或系统允许中断时间小于 60 min
1	只涉及可对社会公开的信息，共用信息处理设备和系统资源等	完整性价值非常低，未经授权的修改或破坏对组织造成的影响可以忽略，对业务冲击可以忽略	可用性价值可以忽略，合法使用者对信息及信息系统的可用度在正常工作时间低于 25%

2. 威胁

威胁是对系统或组织可能造成危害的起因。威胁可以通过来源、主体、种类、动机和频率等多种属性来描述。威胁的主体可分为人为主体和环境主体。人为主体分为国家、组织团体和个人，环境主体分为一般自然灾害、较为重要的自然灾害和严重的自然灾害。威胁的动机分为恶意和非恶意两种。威胁的作用形式可以是对信息系统直接或间接的攻击，在保密性、完整性和可用性等方面造成损害；也可能是偶发的或蓄意的事件。

威胁的来源如表 3-2 所示。

表 3-2　威胁的来源

来源		描述
环境因素		断电、静电、灰尘、潮湿、温度、鼠蚁虫害、电磁干扰、洪灾、火灾、地震、意外事故等环境危害或自然灾害
意外因素		非人为因素导致的软件、硬件、数据、通信线路等方面的故障，或者依赖的第三方平台或者信息系统等方面出现的故障
人为因素	恶意人员	不满的或有预谋的内部人员对信息系统进行恶意破坏；采用自主或内外勾结的方式盗取或篡改机密信息，获取利益； 外部人员利用信息系统的脆弱性，对网络或系统的保密性、完整性和可用性进行破坏，以获取利益或炫耀能力
	非恶意人员	内部人员由于缺乏责任心，或者由于不关心、不专注，或者没有遵循规章制度和操作流程而导致故障或信息损坏；内部人员由于专业技能不足，不具备岗位技能要求而导致信息系统故障或被攻击

基于以上威胁来源可以对威胁进行分类,即威胁通常可分为软/硬件故障、物理环境影响、无作为或操作失误、管理不到位、恶意代码、越权或滥用、网络攻击、物理攻击、泄密、篡改和抵赖等。

安全事件发生的概率与信息系统面临的威胁以及脆弱性的严重程度有着直接的关系。威胁会直接或间接利用信息系统的脆弱性对系统进行攻击,《信息安全技术 信息安全风险评估方法》(GB/T 20984—2022)按威胁出现的频率统计来对威胁进行等级划分,威胁等级越高,表明其发生的频率越高。表 3-3 给出了威胁赋值等级划分的描述。

表 3-3 威胁赋值表

等级	标识	威胁赋值描述
5	很高	根据威胁的行为能力、频率和时机,综合评价等级为很高
4	高	根据威胁的行为能力、频率和时机,综合评价等级为高
3	中等	根据威胁的行为能力、频率和时机,综合评价等级为中
2	低	根据威胁的行为能力、频率和时机,综合评价等级为低
1	很低	根据威胁的行为能力、频率和时机,综合评价等级为很低

3. 安全需求

安全需求是为保证组织业务的正常运作而在安全措施方面提出的要求。对于信息系统来说,从资产的 CIA 模型出发,最主要的安全需求就是要保证资产的保密性、完整性、可用性不被破坏。从信息系统的构成来看,为信息系统服务的硬件、软件、人员和物理环境等有一定的安全需求,这些要素有可能成为威胁攻击的对象,有可能对资产的保密性、完整性、可用性造成影响。根据资产的重要性以及资产受到威胁的风险的严重性,风险成本分析如图 3-2 所示。

若高成本资产冒高风险,则该资产的安全需求就为高;若高成本资产冒低风险或低成本资产冒高风险,则该资产的安全需求就为中;若低成本资产冒低风险,则该资产的安全需求就为低。对于安全需求高的资产,应当采取严格措施进行保护,或脱离互联网,这时候采取的措施可能不计较成本效益。安全需求为中的资产,采取适当的符合成本效益的保护措施即可。安全需求为低的资产视情况而定,将有的资产安全置于目前的安全措施下即可,或者不予考虑。

安全需求可以从结构上分为基础环境需求、数据管理需求以及平台管理需求。基础环境指的是信息系统所依托的软、硬件以及物理环境。软件上的需求包括操作系统的稳定性、系统软件的稳定性、应用软件的稳定性、数据库软件的

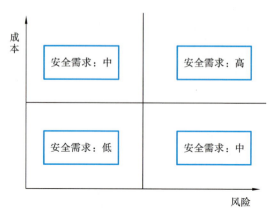

图 3-2　风险成本分析

稳定性等；硬件方面的需求包括运行设备、传输设备、存储设备等设备的稳定性；物理环境则包括断电、静电、灰尘、潮湿、温度、鼠蚁虫害、电磁干扰、洪灾、火灾、地震等。数据管理需求则包括数据的集成安全、数据的存储安全、数据的访问安全和数据的共享安全。平台管理需求则是对信息系统管理和技术人员以及技术保障的安全需求。

参考《信息安全技术　信息系统安全等级保护体系框架》(GA/T 708—2007)，信息系统安全的组成如表 3-4 所示。

表 3-4　信息系统安全组成部分及相互关系

应用安全 （应用软件安全、支撑软件安全、工具软件安全等）	应用管理	安全管理
系统安全 （操作系统安全、数据库管理系统安全）	系统管理	
网络安全 （网络软件安全、网络协议安全和网络数据传输安全）	网络管理	
物理安全 （计算机硬件安全、网络硬件安全及其环境安全）	物理管理	

4．风险

风险是指人为或自然的威胁利用信息系统及其管理体系中存在的脆弱性导致安全事件的发生及其对组织造成的影响。在完成了资产识别、威胁识别、脆弱性识别，以及已有安全措施确认后，可采用适当的方法与工具确定威胁利用脆弱性导致安全事件发生的可能性。综合安全事件所影响的资产价值及脆弱性的严重程度,判断安全事件造成的损失对组织的影响,即安全风险。

依据风险的定义,风险评估首先是确定被评估的对象——资产,然后评估资产的价值、评估分析资产面临的威胁、分析挖掘资产自身的脆弱性,最后评估资产的风险,从而获得评估对象的风险。

风险存在两个属性:后果和可能性。最终风险对组织的影响,也就是风险评估赋值,即对上述两个属性权衡作用的结果。

不同的业务系统面临的主要威胁各不相同。而随着威胁可以利用的业务系统存在的脆弱性数量的增加,风险的可能性会增加,随着脆弱性类别的提高,该业务系统面临风险的后果会增加。

《信息安全技术 信息安全风险评估方法》(GB/T 20984—2022)详细描述了风险计算的原理,其主要包括以下四步。

(1)计算安全事件发生的可能性;
(2)计算安全事件发生后造成的损失;
(3)计算系统资产风险值;
(4)计算业务风险值。

为了实现对风险的控制与管理,可以对系统资产风险和业务风险评估的结果进行等级化处理。系统资产风险和业务风险的等级划分如表 3-5、表 3-6 所示,等级越高,风险越高。

表 3-5 系统资产风险等级划分表

等级	标识	描述
5	很高	风险发生的可能性很高,对系统资产产生很高的影响
4	高	风险发生的可能性很高,对系统资产产生中等及高影响 风险发生的可能性高,对系统资产产生高及以上影响 风险发生的可能性中,对系统资产产生很高影响
3	中等	风险发生的可能性很高,对系统资产产生低及以下影响 风险发生的可能性高,对系统资产产生中等及以下影响 风险发生的可能性中等,对系统资产产生高、中低影响
2	低	风险发生的可能性中等,对系统资产产生很低影响 风险发生的可能性低,对系统资产产生低及以下影响 风险发生的可能性很低,对系统资产产生中、低影响
1	很低	风险发生的可能性很低,发生后对系统资产几乎无影响

表 3-6　业务风险等级划分表

等级	标识	描述
5	很高	社会影响： a. 对国家安全、社会秩序和公共利益造成影响； b. 对公民、法人和其他组织的合法权益造成严重影响 组织影响： a. 导致职能无法履行或业务无法开展； b. 触犯国家法律法规； c. 造成非常严重的财产损失
4	高	社会影响： 对公民、法人和其他组织的合法权益造成较大影响 组织影响： a. 导致职能履行或业务开展受到严重影响； b. 造成严重的财产损失
3	中等	社会影响： 对公民、法人和其他组织的合法权益造成影响 组织影响： a. 导致职能履行或业务开展受到影响； b. 造成较大的财产损失
2	低	组织影响： a. 导致职能履行或业务开展受到较小影响； b. 造成一定的财产损失
1	很低	组织影响： 造成较少的财产损失

评估者应根据所采用的风险计算方法，计算每种资产和业务面临的风险值，根据风险值的分布状况，为每个等级设定风险值范围，并对所有风险计算结果进行等级处理。每个等级代表了相应风险的严重程度。

风险等级处理的目的是直观比较风险管理过程中的不同风险，以确定组织安全策略。组织应当综合考虑风险控制成本与风险造成的影响，提出一个可接受的风险范围。对于某些资产和业务的风险，如果风险计算值在可接受的范围内，则该风险是可接受的，应保持已有的安全措施；如果风险评估值在可接受的范围外，即风险计算值高于可接受范围的上限值，则该风险是不可接受的，需要采取安全措施以降低、控制风险。另一种确定不可接受的风险的办法是根据等级化处理的结果，不设定可接受风险值的基准，对达到相应等级的风险都进行相应处理。

对不可接受的风险应根据导致该风险的脆弱性制订风险处理计划。风险处理计划应明确采取的弥补脆弱性的安全措施、预期效果、实施条件、进度安排、责任部门等。安全措施的选择应从管理与技术两个方面考虑。安全措施的选择与实施应参照信息安全的相关标准进行。

3.1.2 信息系统脆弱性的内容

信息系统的脆弱性是指可能被威胁所利用的资产或若干资产的薄弱环节，这种薄弱环节存在于信息系统的各个环节之中。

信息系统的脆弱性主要存在于物理层（物理设备和物理环境）、网络层（网络结构设计）、系统层（系统软件）、应用层（应用软件）、管理层（管理人员、组织结构和制度建设）。

1. 物理层脆弱性

信息系统物理层的脆弱性主要是硬件的脆弱性，信息系统的硬件有很多种：网络设备，比如路由器、交换机等；计算机设备，比如大型机、小型机、服务器、工作站、个人电脑等；存储设备，比如磁盘、磁带、光盘、软盘、移动硬盘等；传输路线，比如光纤和双绞线；安全设备，比如防火墙、入侵检测设备；其他设备，比如打印机、传真机等。这些物理设备很容易受到物理环境的影响，从而导致资产的完整性和可用性受到破坏。

物理环境脆弱性识别的指标涉及很多方面，大多数物理设备都存放于机房之中，机房的场地选择、防火策略、内部装修等方面是需要着重关注的。

从机房场地选择方面来看，脆弱性体现在以下方面：是否避开易发生火灾或高危区域；是否有各种危险气体和有腐蚀或易燃易爆物品；是否避开低洼潮湿、降雷频繁以及地震较多的危险地；是否避开有震动和高污染的地方；是否避开有高电磁场的干扰地；是否避开高层建筑物的顶层或底层、水设装置房间的楼下或临屋来；是否避开高盐碱地；是否将其置于安全区内等。

从机房防火方面来看，脆弱性体现在以下方面：机房内外各个墙体、楼道、楼梯、电梯、物理防火墙、支撑墙、柱子、房梁等耐火程度是否达到要求；火灾报警及消防设施是否齐全；机房内、各个工作房内、机房地板下、屋顶部位、中央空调通道内及各种可燃物周边部位是否放置烟雾或者温度感应探测器等；机房是否设置各种卤代烷式自动消防系统,并设有各种卤代烷式灭火器;机房是否除纸类易燃物之外,禁止有各种水、干粉或泡沫等可能生成再次破坏的物质。

从机房内部装修方面来看,脆弱性体现在以下方面:是否防潮湿、隔噪声、不起尘、防静电;机房活动地板是否有持久的防静电能力以及达到要求的承重能力;是否不易被油渍污染、腐蚀;是否光线明亮柔和;机房地板能否铺设一定规格的电线电缆、网线;进出口是否平滑,以避免磨损电线线缆和网线;等等。

2. 网络层脆弱性

网络层脆弱性是指网络环境中存在的可被外部因素利用而对网络环境构成危害的弱点或缺陷,如软件漏洞、协议缺陷、暗房策略冲突等。脆弱性的本质是计算机系统、网络系统或者网络安全防护系统因在硬件、软件或者安全策略上的错误而引起的缺陷,是反映违背安全策略的软件或硬件的特征。

信息系统网络部署呈现广域、分布式的特点,在整体结构上通常可分为三层:核心层、汇聚层和接入层。核心层由高性能的路由设备组成,主要实现骨干网络之间的优化转输,提供可靠的、高速的、抗毁能力强的传输服务;汇聚层由路由器、防火墙等外连设备组成,主要用于连接接入层节点和核心层节点,一般对于某个区域来说,汇聚层设备就是该区域的外连出口;接入层主要由交换机、服务器和用户机组成,用于用户和终端的网络接入,是网络的末端。典型的信息系统网络拓扑结构如图3-3所示。

计算机网络由于系统本身可能存在的不同程度的脆弱性,为各种动机的攻击提供了入侵或破坏系统的可利用途径和方法。网络系统的脆弱性主要来源于以下几个方面。

(1) 用户网络行为的复杂性。网络在设计之初无法周全考虑人们日后行为的复杂性。当前掌握网络知识的人数迅速增长,使得大量人员拥有攻击网络的技能。网络系统广泛采用标准协议,攻击者更容易获得系统或网络漏洞,攻击代价低,一些网络的既定构件在新的用户行为下成为了新的脆弱性。因此,网络安全防范总是陷入一个"道高一尺,魔高一丈"的循环对抗中。

(2) 网络结构的复杂性与自组织性。网络的根本职能:一是提供网络通信;二是实现网络信息共享。目前互联网普遍使用的标准主要基于TCP/IP架构。TCP/IP是多个协议,由于最初TCP/IP是在可信任环境中开发出来的,在协议的总体构想和设计时基本未考虑安全问题,不能提供人们所需要的安全性和保密性,因此TCP/IP协议本身也具有一定的脆弱性。自由的设计观在带来网络繁荣的同时也使得网络的复杂性呈指数级增长。时至今日,互联网已经成为全

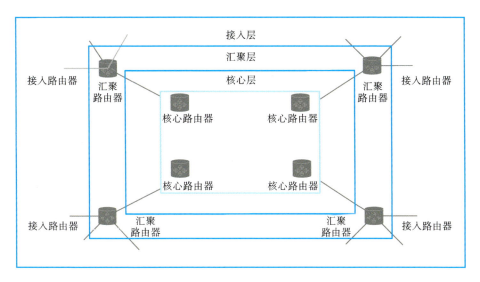

图 3-3 信息系统网络拓扑结构

球最大的复杂系统,数以亿计的网络节点和网络链路导致其结构根本无法探明。网络连接结构也是随时动态变化的,各种脆弱因素因为网络关联在一起,导致网络脆弱性分析变得更为困难。病毒、木马及网络蠕虫在互联网的传播具有明显的分岔、混沌等非线性复杂动力学行为特征。

(3) 增加的安全措施本身带来的脆弱性。脆弱性问题与时间紧密相关:随着时间的推移,旧的脆弱性会不断得到修补或纠正,然而在对旧的脆弱性修补的过程中可能会引入新的网络脆弱性问题,因而脆弱性问题长期存在。网络中的一些软件、硬件可能在尚未完善时就被应用。未克服系统中原始的脆弱性而采用的各种控制措施往往会带来新的脆弱性。一些新增加的安全措施本身也不安全,或者顾此失彼带来了新的安全问题。

网络脆弱性识别可以从以下方面来考虑。① 用户身份鉴别:是否有用户标识,是否有用户鉴别,是否为用户主体绑定。② 邮件服务脆弱性:检测 POP3、SMTP 等电子邮件类似协议服务程序旗标、版本号是否较新,检测 POP3、SMTP 等电子邮件类似协议服务程序本身是否有设计错误,检测电子邮件类似协议服务程序是否对输入缺乏合法性检查,检测处理异常情况是否有错;检测协议是否允许邮件转发,检测协议其他安全配置是否正确,是否有因系统或软件没有及时升级而带来的未知隐患。③ FTP 服务脆弱性:是否使用了 FTP 协议的服务程序旗标、版本号,是否有设计错误,是否对输入缺乏合法性检查,是否错误处理异常情况,是否使用程序服务器的有误配置,是否允许匿名进入服务器,是否使用程序服务器的危险或错误配置,是否使用默认口令,是否允许危险命令。④ 木马检测:检测木马常使用的端口是否开启,是否对检测得出的各开启端口进行扫描分析,是否对不明服务和已有木马做出警告等。

3. 系统层脆弱性

操作系统是用户使用应用系统的基础,各种应用系统都运行在操作系统之上,许多安全工具也都基于操作系统运行,所以,操作系统的安全问题直接影响整个信息系统的安全。一旦操作系统被攻破,给整个信息系统造成的危害是毁灭性的,因此操作系统的加固是信息安全领域的重点内容之一。

对于操作系统的脆弱性,需要检查用户的身份鉴别、用户口令的设置与保护、数据访问权限的分配与回收、漏洞的扫描与补丁安装等。

以 Linux 系统为例,操作系统的脆弱性检查应包括系统及补丁情况,主要检查:系统目前版本是否存在重大安全漏洞;用户的身份鉴别,系统中是否存在用户的唯一标识,是否存在重复的用户标识;密码控制,是否存在空密码,密码中是否存在单词,是否设置密码的最小长度、密码中包含字符的种类和个数、密码的最大/最小生命周期、密码的到期时间等;访问控制,是否有登录时间的超时设置,是否禁止 root 用户远程登录,是否设置了 Telnet 和 FTP 登录提示和警告,系统与其他主机的信任关系,终端登录超时退出,重要系统文件访问权限,是否删除了系统中不必要的系统用户组等;安全审计,是否启用 SU 日志,是否启用登录日志,是否启用安全日志,是否启用安全审计;剩余信息保护,系统的命令行数是否保存为 30 条。

4. 应用层脆弱性

应用层脆弱性与系统层脆弱性相似,包括身份验证、口令管理、设置默认更改、补丁安装等。不同的应用系统或服务会存在不同的身份验证和口令管理方式,有些应用系统结合操作系统进行身份验证和口令管理,有些则有独立的身份验证和口令管理方式。对于后者,应当在身份验证和口令管理策略中做出安全规定。

5. 管理层脆弱性

从通信和操作管理来讲,管理层脆弱性的内容如下:① 是否符合操作规程和职责,包括文档化的操作规程、操作变更控制、事故管理规则、责任分割、开发和运行设施分离、外部设施管理;② 是否进行系统规划和验收,包括能力规划、系统验收;③ 是否有防范恶意软件,包括控制恶意软件;④ 是否进行内务处理,包括信息备份、操作员日志、故障记录;⑤ 是否进行网络管理,包括网络控制;⑥ 是否进行媒体处置和安全管理,包括类似笔记本电脑的管理、媒体的处置、信息处置方式、系统文档的安全;⑦ 是否进行信息和软件的交换,包括信息和软件交换协议、运输中的媒体安全、电子商务安全、电子邮件的安全、公开可用系统、信息交换的其他形式。

从人员安全来讲,管理层脆弱性的内容如下:① 是否有岗位设定和人力资源的安全要求,包括在岗位职责中要包含的安全、人员筛选和策略、保密性协议、雇佣条款和条件;② 是否进行用户培训,包括信息安全教育和培训;③ 是否有对安全事故和故障的响应,包括报告安全事故、报告安全弱点、报告软件故障、从事故中学习、纪律处理中的划分。

3.1.3 信息系统脆弱性识别

脆弱性识别是指分析和度量可能被威胁利用的资产薄弱点的过程,是风险评估中的重要环节。脆弱性是资产自身存在的,如果没有被相应的威胁利用,单纯的脆弱性本身不会对资产造成损害。如果系统足够强健,严重的威胁不会导致安全事件发生,也不会造成损失。也就是说,威胁总是要利用资产的脆弱性才可能对资产造成危害。资产的脆弱性具有隐蔽性,有些脆弱性只有在一定条件和环境下才会显现,这是脆弱性识别中最为困难的部分。不正确的、起不到应有作用的或没有正确实施的安全措施本身就可能是一个脆弱性。

脆弱性识别以资产为核心,针对每一项需要保护的资产,识别可能被威胁利用的弱点,并对脆弱性的严重程度进行评估,给出定性或定量的赋值。脆弱性识别的依据可以是国际或国家安全标准,也可以是行业规范、应用流程的安全要求。如图 3-4 所示,依据信息系统的脆弱性评估模型,评估者应从安全策略和安全需求的角度出发,综合考虑、判断资产的脆弱性及其严重程度,信息系统所采用的协议、应用流程的完备程度、与其他网络的互联情况等也应考虑在内。

脆弱性识别的数据应来自资产的所有者、使用者以及相关业务领域和软/硬件方面的专业人员等。脆弱性识别所采用的方法主要有问卷调查、访谈、工具检测、人工核查、文档查阅和渗透性测试等。

脆弱性识别分为脆弱性发现、脆弱性分类、脆弱性验证和脆弱性赋值 4 个部分。

1. 脆弱性发现

脆弱性识别工作首先要根据每一个具体的资产来寻找其脆弱性。如在评

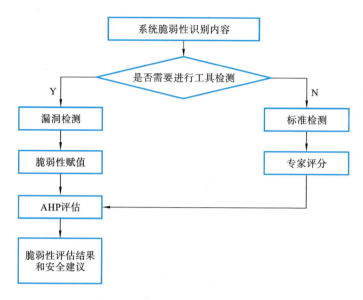

图 3-4　信息系统脆弱性评估模型

估过程中,针对某个单位信息系统所采用的 Web 服务器、数据服务器等,通过脆弱性发现工具来寻找其脆弱性。脆弱性发现工具不但可以提高评估效率,更重要的是能够集中应用安全领域的专家知识。

脆弱性发现工具主要用于对信息系统主要部件(如操作系统、数据库管理系统、应用软件、网络设备等)的脆弱性进行分析,又称为安全扫描器、漏洞扫描器等。国内外一些安全厂商或专业机构提供了用于脆弱性发现的专业设备,也可使用一些常用的脆弱性发现工具。需注意的是,这些设备或工具本身带有诸多攻击性测试功能,如果使用不当,在评估信息系统安全隐患的同时,也可能给系统带来新的风险。如 Nessus 是一个功能较齐全且又易于使用的远程扫描软件,主要功能是对指定网络进行安全扫描,找出网络中存在的脆弱性。Nessus 被设计为 Client/Server 模式,客户端用来管理服务器端,服务器端负责安全扫描。它采用了 plug-in(插件式)设计,允许用户加入特定功能的插件,有效提升软件的扩展性。

常见的脆弱性发现方法分为以下 2 种类型。

1) 基于主机的扫描分析

基于主机的扫描分析是在目标系统上安装漏洞扫描工具,对本地文件内容、系统设置以及其他与安全规则抵触的对象进行扫描分析。通常基于主机服务器的三层体系结构,包括扫描控制台、扫描管理器和扫描代理。每个目标主机都安装扫描代理,向扫描管理器进行注册,扫描控制台通过扫描管理器下发扫描指令和回收扫描结果。

基于主机的扫描分析可以更加准确地发现系统漏洞,访问目标系统的所有文件与进程,对网络性能影响较小;其劣势是扫描效率较低、远程渗透能力较弱等。

2) 基于网络的扫描分析

基于网络的扫描分析是向目标系统发送特殊构造的数据分组,通过查看对方的反应以及应答形式和内容,判断目标系统是否存在已知的脆弱性。基于网络的扫描分析具有通用性强、安装方便、扫描效率高等优势,但是不能检测本地安全策略是否恰当,可能会影响网络的性能。

在条件允许的情况下,评估人员可以使用不同的脆弱性发现设备或工具对同一对象(特别是那些对组织业务战略起到核心作用的信息资产)进行扫描并对比其结果。不同设备或工具的设计思想不同,在扫描结果输出方面也有差异,这些差异有助于评估人员从不同的角度来发现系统存在的安全隐患。

脆弱性发现工作不仅要发现操作系统(特别是 Windows 系统)的脆弱性,还应重点关注各种设备的脆弱性。国际权威组织发布的脆弱性信息(如 CVE)也包括了大量网络设备、存储设备、安全设备所存在的脆弱性信息。评估人员需要根据资产的实际情况(设备型号、软件版本等)来核查资产是否存在相应的脆弱性。

总之,脆弱性发现是风险评估工作中对技术要求最高的部分,需要评估人员逐步积累测评经验,并站在系统工程的角度来综合考虑。因此,建立一支技术过硬、保障有力的信息安全评估队伍对于国家信息安全保障体系具有重要意义。

2. 脆弱性分类

在网络与信息系统中,脆弱性存在于信息环境资产、公用信息载体资产和专用信息载体资产中,可以将脆弱性分为技术脆弱性和管理脆弱性。其中,技术脆弱性涉及物理环境层、设备和系统层、网络层、业务(应用)层等各个层面的安全问题;管理脆弱性又可分为技术管理脆弱性和组织管理脆弱性两类,前者与具体技术活动相关,后者与管理环境相关。对不同的评估对象,其脆弱性识别的具体要求应参照相应的技术或管理标准实施。表3-7列出了不同类型的脆弱性识别内容。

表 3-7 脆弱性识别内容

类型	识别对象	识别内容
技术脆弱性	物理环境	从机房场地、机房防火、机房供配电、机房防静电、机房接地与防雷、电磁防护、通信线路的保护、机房区域防护、机房设备管理等方面进行识别
	网络结构	从网络结构设计、边界保护、外部访问控制策略、内部访问控制策略、网络设备安全配置等方面进行识别
	系统软件	从补丁安装、物理保护、用户账号、口令策略、资源共享、事件审计、访问控制、新系统配置、注册表加固、网络安全、系统管理等方面进行识别
	应用中间件	从协议安全、交易完整性、数据完整性等方面进行识别
	应用系统	从审计机制、审计存储、访问控制策略、数据完整性、通信、鉴别机制、密码保护等方面进行识别
管理脆弱性	技术管理	从物理和环境安全、通信与操作管理、访问控制、系统开发与维护、业务连续性等方面进行识别
	组织管理	从安全策略、组织安全、资产分类与控制、人员安全、符合性等方面进行识别

3. 脆弱性验证

脆弱性验证是指在发现脆弱性之后，为了核实脆弱性的真实性和客观存在性，利用在线或仿真环境，重现该脆弱性被发现和被利用的过程。

1）脆弱性的在线验证

由于在测评工作中，被测评的对象往往是在线运行的关键系统，所以脆弱性验证工作要尽量不影响被测系统的正常运行。测评人员可以选择避开系统的业务高峰期（如夜晚、周末或假期）进行脆弱性验证。同时要注意在开展脆弱性验证工作之前做好各种应急预案，特别是在牵涉核心业务数据的时候，要有备份和应急恢复的方案。

2）脆弱性的仿真验证

对于业务连续性要求极高的机构（如金融、电力等部门），测评人员可以选择仿真验证的方式。仿真度越高，验证结果就越可靠。可以选择那些对于组织的业务来说既关键又比较容易实现的仿真方案，如操作系统、数据库管理系统的漏洞仿真测试。仿真验证的优点是不会影响实际的被测系统，测评工作可以开展得更为全面和深入。

为了更好地验证脆弱性以及脆弱性被利用后造成损害的程度,在获得用户授权的情况下,可以考虑在可控范围内通过真实模拟攻击者使用的工具、技术和方法,对被测系统进行渗透性测试。渗透性测试工具是常用的脆弱性验证工具,它根据脆弱性发现工具的扫描结果进行模拟攻击测试,判断脆弱性被攻击者利用的可能性。这类工具通常包括特殊功能的软件、脚本、恶意代码等。渗透性测试工具在使用中应尽量避免对被测系统带来影响。

需要指出的是,对待脆弱性要持有客观的态度,并不是所有(包括已验证的)脆弱性都需要重点关注,也不是所有漏洞都需要打上补丁。有的时候安装补丁程序尽管可修补设备或软件的漏洞,但随之带来了整个系统运行效率的急剧下降,这就需要在测评过程中采用系统工程的思想来解决实际问题。此外,有很多脆弱性可以通过系统整体的防御能力来予以化解,所以在处理这些实际问题的时候,需要测评人员根据实际情况予以全局考虑。

4. 脆弱性赋值

为了科学地把握脆弱性的严重程度,需要对其进行赋值。脆弱性赋值时应该综合考虑被利用难度和影响程度两个方面因素。

1) 被利用难度赋值

脆弱性被利用难度赋值需要综合考虑已有安全措施的作用。一般来说,安全措施的使用将降低系统技术或管理上脆弱性被利用难度,但安全措施的确认并不需要和脆弱性识别过程那样具体到每个资产、组件的脆弱性,而是一类具体措施的集合。

依据脆弱性和已有安全措施识别结果,得出脆弱性被利用难度,并进行等级化处理,不同的等级代表脆弱性被利用难度高低。等级数值越大,脆弱性越容易被利用。表 3-8 给出了脆弱性被利用难度的一种赋值方法。

表 3-8 脆弱性被利用难度赋值表

等级	标识	定义
5	很高	实施了控制措施后,脆弱性仍然很容易被利用
4	高	实施了控制措施后,脆弱性较容易被利用
3	中等	实施了控制措施后脆弱性被利用难度一般
2	低	实施了控制措施后脆弱性难被利用
1	很低	实施了控制措施后脆易性基本不可能被利用

2) 影响程度赋值

影响程度赋值是指脆弱性被威胁利用导致安全事件发生后对资产价值所造成影响的轻重程度分析并赋值的过程。识别和分析资产可能受到的影响时，需要考虑受影响资产的层面，可从业务层面、系统层面、系统组件和单元三个层面进行分析。

影响程度赋值需要综合考虑安全事件对资产保密性、完整性和可用性的影响。影响程度赋值采用等级划分处理方式，不同的等级代表对资产影响的高低。等级数值越大，影响程度越高。表3-9给出了影响程度的一种赋值方法。

表 3-9 影响程度赋值表

等级	标识	定义
5	很高	如果被威胁利用，将对资产造成完全损害
4	高	如果被威胁利用，将对资产造成重大损害
3	中等	如果被威胁利用，将对资产造成一般损害
2	低	如果被威胁利用，将对资产造成较小损害
1	很低	如果被威胁利用，将对资产造成的损害可以忽略

3.1.4 信息系统脆弱性评估

1. 信息系统脆弱性评估标准

对于表3-7所识别出的各脆弱性识别对象，应参照标准实行。例如，对物理环境脆弱性的识别应按照《计算机场地安全要求》(GB/T 9361—2011)标准执行；操作系统和数据库的脆弱性识别可按《计算机信息系统 安全保护等级划分准则》(GB 17859—1999)标准执行；网络、主机和应用等技术安全的脆弱性识别可按网络安全技术标准(GB/T 18336系列)和《信息安全技术 网络脆弱性扫描产品安全技术要求和测试评价方法》(GB/T 20278—2022)标准执行；而管理方面可按《信息技术 安全技术 信息安全控制实践指南》(GB/T 22081—2016)标准要求对安全管理条例和执行状况进行核查。

2. 脆弱性评估特征

脆弱性评估涉及多个科学、多个领域。在进行脆弱性评估时，需要结合评估对象的特征、评估的目的、需要达到的目标等进行综合考虑，同时还要考虑专业性的问题。所以需要了解脆弱性评估的本质,掌握脆弱性评估的根本特征。脆弱性评估有以下特点。

1）动态性

在脆弱性评估中,尤其在预测环境对研究对象的影响时,需要坚持动态性的原则,从动态的角度把握研究对象和外部环境未来可能变化的趋势,这样才能保证评估的有效性,为可持续发展提供合理的依据。

2）可操作性

可操作性是脆弱性评估的核心。评估的目的是分析系统,为决策提供服务,不能仅仅关注理论体系的完美性,而忽略甚至牺牲评估的可操作性,二者之间需要合理地协调,不能顾此失彼。因此不能用过多的指标把本应简洁的评估工作复杂化,也不能为了简单可行而使评估失真。

3）流程最优性

脆弱性评估的流程一般包括需求分析、制定方案、实施评估、补救和加固、审核验证5个阶段,每个阶段都会产生报告和文档。在进行评估时,要注意这些流程必须是经过优化的,要简洁高效,不能冗余烦琐。

4）目的性

开展脆弱性评估目的就是了解所评估的系统的运行现状、发展趋势以及对外界影响的可能反应,制定正确的措施,以保证系统的正常运行,否则进行脆弱性评估就没有任何意义。因此,脆弱性评估要达到的目标,是进行脆弱性评估工作必须要明确的问题。

5）整体性

一个系统是由若干子系统构成的,各个子系统之间相互作用、共同影响整个系统的正常运行,同时,影响整个系统的外部因素也有很多方面。因此,脆弱性评估要从整体出发,不仅要弄清系统内部各个子系统之间的相互联系及外界各影响因素对系统的影响,而且要对它们的综合作用进行考察。

6）主导性

在脆弱性评估中,导致系统脆弱的因素有很多。但在众多的影响因素中,必有一个或几个居于主导地位,对外界的变化极其敏感,这些主导因素直接影响系统的正常运行。因此,抓住影响系统脆弱性的主要因素,可以在很大程度上保障脆弱性评估的准确性,这对脆弱性评估具有重要意义。

3. 脆弱性评估的主要方法

关于脆弱性评估方法的研究,主要包括对常用评估方法及评估模型的研究、对评估模型或方法的改进(包括构建新模型及实证检验),以及对评估结果的分析等,这些内容是目前研究的重点。许多文献对脆弱性评估方法进行了探讨。

目前,关于脆弱性的一些定量或半定量的评估方法也已被提出并得以应用。概括来说,常见的脆弱性分析方法有以下几种。

1) 综合指数法

综合指数法可以从全面与概况两个方面来加以理解,全面是指系统的脆弱性指标选取既包括了引发脆弱性的原因,又包括了扩大脆弱性后果的因素,同时,还包括了消除脆弱性的应对能力等各个方面;概括是指选取研究对象一般共有的特征因素,而不是某一个具体对象的独有因素,确保研究成果的普遍适用性。目前,人们熟悉的综合指数法多是利用统计学的原理和方法,以及其他数学方法对指标进行量化取值,综合成系统的脆弱性指数,用以表示评估对象脆弱性程度的相对大小。

其评估中经常借助的数学统计方法有加权平均法、层次分析法(analytic hierarchy process,AHP)、主成分分析(principal component analysis,PCA)法、模糊综合评估法、数据包络分析(data envelopment analysis,DEA)法等。

其中,层次分析法是一种定性与定量相结合的多目标决策分析方法,它的特点是将决策者对复杂系统的评价决策思维过程数学化。层次分析法的基本思想是把复杂的问题分解成若干层次和因素,在同层次各要素间简单地进行比较、判断和计算,以获得不同要素和不同备选方案的权重。

2) 函数模型评估法

函数是表示一个输入值对应唯一输出值的一种对应关系,这种关系能够反映输入量和输出变量间一定对应法则。脆弱性函数评估模型,顾名思义,就是通过函数关系式表达出脆弱性指标与系统脆弱性之间的对应法则,使得每给定一组确定的指标值,通过函数计算,能对应得出相应的脆弱度,从而实现系统脆弱性评估。

函数模型评估方法从构成原理上讲最能反映指标与脆弱性的关系,从评估过程来看,一旦函数模型建成,评估过程最简单易懂。但是,由于函数的对应关系需要大量的理论研究和实践检验来获取和修正,此过程非常困难,因此,该函数模型评估方法通用性相对较差。

3) 模糊物元评估法

模糊物元评估法的原理是选定一个参照状态(脆弱性最高或最低区域),通过计算各研究区域与参照物的相似程度来判别各研究区域的相对脆弱程度。关于相似程度的判别,模糊数学给出了贴近度的概念和方法。模糊物元评估法不需要将众多指标合成一个综合指数,因此不必考虑变量间的相关性问题,也正因为如此,该方法操作简单,容易理解,应用广泛,应用实例较多。但该方法受参照单元选取困难和缺乏科学依据等的限制,一般仅用作系统比较简单的脆弱性比较评估工作。

4)危险度分析法

危险度分析法是一种定量的脆弱性评估方法,是借助向量计算方法计算目标单元的现状矢量与自然状态下标准矢量之间的欧氏距离,以此代表目标单元的脆弱性程度。该评估方法用于生态环境脆弱性评估,通常计算结果(欧氏距离)越大,则认为系统的脆弱性越高。危险度分析法与其他脆弱性评估方法相比,仍具有一定的不足:由于欧氏距离的确定是用相对选定的自然状态的标准矢量进行测定的,但这个自然状态下的标准矢量存在很多不确定性和模糊性,是一个相对的、假设的理想状态,可能存在一定的误差,因此整个评估结果可能存在一定的误差。

3.1.5 脆弱性评估示例

下面以层次分析法为例进行脆弱性评估。

层次分析法是美国运筹学家,匹兹堡大学教授 Saaty 于 20 世纪 70 年代提出的一种多目标多准则复杂决策方法。

层次分析法的基本步骤如下。

(1) 分解。把问题层次化,将复杂的系统对象分解为各组成因素,将这些因素按支配关系分组,以形成一个有序的、阶梯层次的结构模型。

一般可将因素分为 3 类:

① 目标类,即要进行评估的对象;

② 准则类,是衡量目标能否实现的标准;

③ 措施类,指实现目标的方案、方法、手段等。

从目标到准则到措施,自上而下地将各类因素之间的直接影响关系排列于不同的层次,即可构成一个层次结构图。

(2) 判断。通过对同一层次的评价指标的两两比较判断,确定评价指标的相对重要性,建立判断矩阵,得到各评判指标的相对权重。为了使各因素之间进行的两两比较能够得到量化的判断矩阵,引进 1~9 标度法,如表 3-10 所示。

表 3-10 1~9 标度法

标度	定义	说明
1	同样重要	元素 a_i 与 a_j 同等重要
3	稍微重要	元素 a_i 比 a_j 稍微重要
5	重要	元素 a_i 比 a_j 重要
7	重要得多	元素 a_i 比 a_j 重要得多
9	绝对重要	元素 a_i 比 a_j 绝对重要

对 k 层的元素 H 而言,假设 $k+1$ 层与 H 相关的元素有 n 个,则判断矩阵为

$$\boldsymbol{A} = \begin{bmatrix} a_{11} & \cdots & a_{1n} \\ \vdots & \vdots & \vdots \\ a_{n1} & \cdots & a_{nn} \end{bmatrix} \tag{3-1}$$

其中,元素 $a_{ij}(i,j=1,2,\cdots,n)$ 表示第 i 个因素的重要性与第 j 个因素的重要性之比。这样,层次结构模型可以通过成对比较方法给出各层因素之间的判断矩阵。

(3) 综合。求判断矩阵的特征值及其对应的特征向量,并对判断矩阵进行一致性检验,当所有的判断矩阵都满足相容性条件时,可以根据层次复合原理求出组合权重。在实际应用中,采用方根法近似计算特征向量:

$$\overline{w_i} = \sqrt[n]{\prod_{j=1}^{n} a_{ij}}, \quad i=1,2,\cdots,n \tag{3-2}$$

对 $\overline{w_i}$ 做归一化处理,即令 $w_i = \dfrac{\overline{w_i}}{\sum\limits_{i=1}^{n} \overline{w_i}}, i=1,2,\cdots,n$,则所求的特征向量 w 为

$$\boldsymbol{w} = [w_1, w_2, \cdots, w_n]^{\mathrm{T}} \tag{3-3}$$

利用判断矩阵跟特征向量,计算判断矩阵的最大特征值 $\lambda_{\max}$:

$$\lambda_{\max} = \frac{1}{n} \sum_{i=1}^{n} \frac{Aw_i}{w_i} \tag{3-4}$$

在进行一致性检验时,引入一致性指标(consistence index,CI),CI 定义如下:

$$\mathrm{CI} = \frac{\lambda_{\max} - n}{n-1} \tag{3-5}$$

CI 的值越小,说明 λ_{max} 越接近于 n,理想状态下,CI 的值为零。在实际应用中,判断矩阵的维数 n 越大,判断的一致性越差。所以,应该放宽对高维判断矩阵的一致性要求,引入修正值(RI),见表 3-11,并取更为合理的一致性比例(CR)作为衡量判断矩阵一致性的标准:

$$CR = \frac{CI}{RI} \qquad (3-6)$$

表 3-11 修正值表

维数	1	2	3	4	5	6	7	8	9	10
RI	0.00	0.00	0.52	0.89	1.11	1.25	1.35	1.40	1.45	1.49

当 CR<0.01 时,可认为判断矩阵 A 具有相容性,据此计算的 w 是可以接受的,否则就要调整判断矩阵的取值。

基于层次分析法的脆弱性评估步骤如下:

(1) 在资产识别的基础上,对资产列表里的每一项资产,按照上面所说的方法识别其脆弱性,得到每一项资产的脆弱性列表。

(2) 针对每项资产,采用层次分析法对其所有的脆弱性严重程度值进行排序。针对每个脆弱性,从机密性(C)、完整性(I)、可用性(A)这三个方面考虑其对资产的影响,因此,以 C、I、A 作为准则层建立层次结构模型。如对资产 A 来说,它的脆弱性集合 $V=\{v_1, v_2, \cdots, v_n\}$,那么该资产对应的层次结构模型如图 3-5 所示。

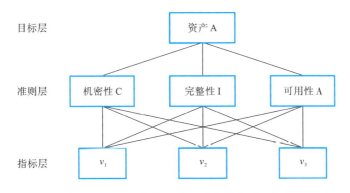

图 3-5 资产 A 的层次结构模型

根据层次分析法计算 $v_1, v_2, \cdots, v_n$ 对资产 A 的重要程度值,对脆弱性严重程度进行排序,值越大表示脆弱性对资产来说越严重。

让专家对目标层-准则层判断矩阵进行评分。在实际应用中,为了克服个人的主观因素,保证数据的合理性,一般采用多个专家填写判断矩阵,将多个判断矩阵中对应的值进行几何平均或者算术平均计算。限于篇幅,本例采用一个判断矩阵,假设某专家对目标层-准则层的判断矩阵的评分如表 3-12 所示,c_1 代表机密性,c_2 代表完整性,c_3 代表可用性。

表 3-12 目标层-准则层判断矩阵的评分

资产 A	c_1	c_2	c_3
c_1	1	1/3	1/7
c_2	3	1	1/5
c_3	7	5	1

可以计算出目标层-准则层判断矩阵的特征向量为

$$w^{(1)} = [0.0810, 0.1884, 0.7307]^T \tag{3-7}$$

由 CR=0.0445<0.10,表明判断矩阵具有令人满意的一致。

用同样的方法计算机密性准则层-指标层判断矩阵的特征值 w_1、完整性准则层-指标层判断矩阵的特征值 w_2、可用性准则层-指标层判断矩阵的特征值 w_3,并对上述 3 个判断矩阵做一致性检验,得到准则层-指标层判断矩阵的特征向量为

$$w^{(2)} = [w_1, w_2, w_3]^T \tag{3-8}$$

由 $w = w^{(2)} w^{(1)}$,就可得出资产 A 的脆弱性 v_1, v_2, v_3 的严重程度值。计算出资产 A 的每个脆弱性严重程度值以后,再通过对其他安全因素的量化,我们就可以利用公式(3-6)计算某威胁利用资产 A 的某个脆弱性所造成的风险大小。

3.2 工业控制系统的脆弱性

3.2.1 工业控制系统协议的脆弱性

1. 工业控制系统协议

工业控制系统协议实现了工业控制系统各层设备组件之间的连接和通信交互,并与各设备组件共同形成了工业控制网络。根据使用的通信技术,工业控制系统协议分为 4 类,传统控制系统协议、现场总线协议、工业以太网协议和

工业无线协议,如图 3-6 所示。其中,工业以太网协议的应用最为广泛。

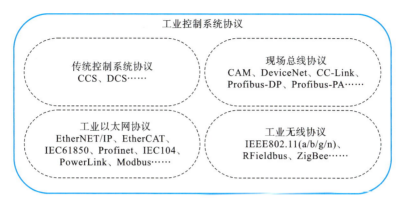

图 3-6　工业控制系统协议

工业以太网在部分继承以太网原有核心技术的基础上,针对实时性、安全性、时间同步性、非确定性进行相应改进,以满足工业需求。图 3-7 中给出了 3 种主要工业以太网协议的结构模型,并将其与标准以太网协议模型相对照。

OSI参考模型	标准以太网	Modbus/TCP	EtherNET/IP			Profinet			
应用层	HTTP、FTP、SNMP等	Modbus	行规			工程接口			
			应用对象库			应用程序	应用程序	应用程序	
			CIP						
表示层会话层	无	无	无			无			
传输层	TCP/UDP	TCP/UDP	⇕	TCP/UDP	将来扩展	TCP/UDP	⇕	SRT	TRT
网络层	IP	IP		IP		IP			
数据链路层	CSMA/CD	CSMA/CD	USMA/CD	CAN	CDMA	CSMA/CD			
物理层	以太网物理层	以太网物理层	以太网物理层			以太网物理层（装置ASIC芯片）			
	通信网络设备					专用网络设备			

图 3-7　3 种主要工业以太网协议的结构模型

随着"两化"融合(信息化和工业化的高层次深度结合)和工业互联网的发展,Modbus/TCP 协议、EtherNET/IP 和 Profinet 等通用协议越来越广泛地应用在工业控制网络和信息化网络的数据采集中，随之而来的通信协议漏洞问题也日益突出。工业控制系统协议面临的主要安全风险有：大量协议数据明文传输、缺乏认证和加密，存在被窃听、伪装、篡改、抵赖和重放的攻击风险。以下将针对目前应用最为广泛的5种工业以太网协议进行脆弱性分析。

2. 5种工业以太网协议的脆弱性

1）Modbus/TCP协议

Modbus协议是工业控制系统使用最广泛、最早的一个协议。随着信息技术的发展，为了方便生产控制的管理，越来越多的控制系统采用TCP/IP协议簇，如由Modbus衍生出的Modbus/TCP协议等。TCP/IP协议存在许多广为人知的漏洞，如网络流量易被窃听，系统通信数据和网络拓扑易被获取，通过数据分析易引起重放、中间人、泛洪等恶意攻击。典型Modbus/TCP协议通信结构示意图如图3-8所示。Modbus/TCP协议的安全问题主要有：缺乏身份认证机制、缺乏完整性校验机制、缺乏信息加密机制及存在功能码滥用或篡改问题。首先，缺乏身份认证机制难以保证信息的发起者及接收者是真实可信的。目前许多厂商可以在协议设计阶段采取身份认证措施，以确保客户端及服务器双方身份真实可信。其次，缺乏完整性校验机制难以保证信息在传输的过程中不被篡改，且一旦被篡改，也没有及时有效的恢复措施。再次，缺乏信息加密机制难以保证重要敏感信息不被轻易窃取。信息泄露会使攻击者对企业网络情况、工艺情况有整体了解，专业技能熟练的黑客可以进行更为严重的攻击。最后，功

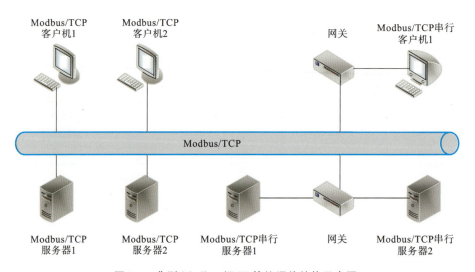

图3-8 典型Modbus/TCP协议通信结构示意图

能码滥用或篡改会导致网络、现场设备、系统功能出现异常。此外，Modbus/TCP 协议还存在流量控制缺乏、广播抑制缺乏等安全问题，攻击者一旦获得网络访问控制权限，就会向服务器发送虚假信息或任何可能破坏控制系统的命令，来得到有价值的反馈信息，最终侵害整个工业控制系统。

因而，Modbus/TCP 协议的安全威胁主要来源于设计方和开发方。协议设计者在设计过程缺乏安全性考虑，从而使得 Modbus/TCP 存在固有的安全问题。开发者在使用 Modbus/TCP 协议时，仍然缺乏网络安全意识，而使得工业控制系统网络中存在衍生的安全威胁，例如缓冲区溢出漏洞、底层通信协议的连带安全漏洞等。Modbus/TCP 协议常见威胁样例如表 3-13 所示。

表 3-13 Modbus/TCP 协议常见威胁样例

严重等级	威胁行为描述	潜在危害
高	主站下发 08 号功能码	可能导致设备进入 standby 状态
高	主站下发 90（5A）号功能码-stop（Schneider）	导致 PLC CPU 进入停机状态
高	主站下发 90（5A）号功能码-download（Schneider）	PLC 的内部程序可能被替换
中	主站下发 90（5A）号功能码-upload（Schneider）	设备将工程上传至主站，可能造成信息泄露
中	主站一次下发 Modbus 报文超过 260 个字节	超出 Modbus/TCP 协议标准组包长度，可能导致设备拒绝服务
低	主站下发 43(2B)号功能码	导致设备及其固件版本信息泄露

2）EtherNET/IP 协议

EtherNET/IP 协议是实时以太网协议，其应用层包括 CIP 协议，在应用层提高了以太网的实时性，但容易受以太网漏洞影响。EtherNET/IP 协议缺乏时间戳和加密操作，容易受到拒绝服务（denial of service，DoS）攻击。EtherNET/IP 还容易受到数据篡改和中间人攻击。此外，由于 UDP 之上的 EtherNET/IP 是无连接的，因此其没有内在的网络层机制来保证可靠性、顺序性及数据完整性的验证。EtherNET/IP 的分层模型如图 3-9 所示。

CIP 协议是由 ODVA 国际组织及其会员推出的面向工业自动化应用的通用工业协议，属于应用层协议，它可以与不同的下层协议结合，构成不同的工业网络。EtherNET/IP、DeviceNet、CompoNet 和 CotrolNet 网络技术均采用 CIP

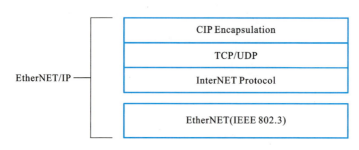

图 3-9　EtherNET/IP 的分层模型

作为应用层协议。但是 CIP 协议未定义显式或隐式的安全机制。

使用通用的工业协议，前提是要对对象进行设备标识，而具有标识的设备为攻击者提供了设备识别与枚举的条件，可扩大攻击范围，使攻击者有更多机会操纵更多的工业设备。最新的 CIP 协议安全版本 CIP Safety，通过加入时间戳机制来遏制重放攻击，增加应用层校验功能遏制数据篡改；但数据传输不加密，缺乏认证，同样存在伪造数据攻击、中间人攻击等安全威胁。

3）Profinet 主从协议

Profinet 主从协议可以通过共享令牌支持多个主节点，它是 Profibus 协议在以太网上的扩展，是平台无关性通用协议。Profinet 通过软实时和硬实时方案对 ISO 提出的 OSI 参考模型的第二层进行了优化，此层内所改进的实时协议对数据包的寻址不是通过 IP 地址实现的，而是使用接收设备的 MAC 地址，同时保证与其他标准协议在同一网络中的兼容性。Profinet 的协议架构如图 3-10 所示。Profinet 协议存在大量安全威胁，攻击者可以控制进程数据，从而控制连接到输入/输出模块的机器状态。Profinet 协议主要存在缺乏授权、缺乏加密、缺乏认证三类安全漏洞，此外 Profinet 是实时以太网协议，同样容易受到以太网协议漏洞的影响。

4）OPC 协议

OPC（OLE for process control）协议是一种通用的工业标准，该标准以 Windows 系统的 OLE 技术为基础，采用标准化接口的形式，从应用层实现自动化数据传输。OPC 采用典型的 C/S 模式，服务器端的硬件厂商遵循协议编写具有统一 OPC 接口的 Server 程序，客户端只需要在应用层编写相对应的 Client 程序就可以访问服务器，实现数据访问和发送。OPC 的逻辑对象关系模型见图 3-11。由于企业工业控制系统使用年限一般在 10～20 年，大部分厂商不支持系统补丁修补与升级，所以大量 OLE 和 RPC 已公开的漏洞仍未得以修

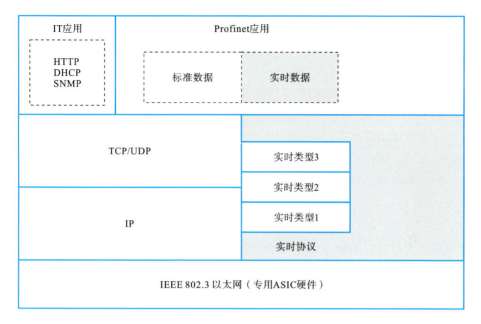

图 3-10 Profinet 协议架构

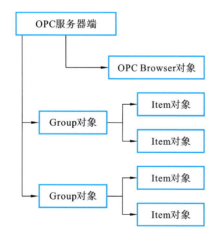

图 3-11 OPC 的逻辑对象关系模型

复,底层 RPC 漏洞攻击可以导致非法执行代码或 DDoS 攻击。此外,OPC 基于 Windows 操作系统架构,主机操作系统的安全问题,诸如薄弱的安全审计、弱口令、弱身份认证机制、操作系统漏洞等也是 OPC 协议的脆弱性问题。目前很多石化行业、自来水行业等的工业控制系统主机仍采用 Windows 2000/XP 操作系统,无法对使用 DCOM 接口的操作行为进行审计记录,使得 DCOM 成为无人监管的接口。两台 OPC 客户端不在同一域内是无法正常进行数据交互的，但只需要保证两台 OPC 客户端之间通过 TCP/IP 进行连接，使用完全一致的用户名和密码，就可以实现不同域之间 OPC 服务器端数据的访问，绕过安全防护，达到远程激活的目的，但其存在极大的安全隐患。

5）DNP3 协议

DNP3（distributed network protocol 3）是由 IEEE PES 制定的美国国家工业通信标准。DNP3 协议作为一种分布式网络协议，目前是电力系统自动化行业一种主流的通信协议。DNP3 协议完全基于 TCP/IP，只是对应用层进行了修改，在应用层实现了对传输数据的分片、校验、控制等诸多功能。DNP3 协议存在 DNP3-Sec 和 DNP3-SAv5 两种安全版本。前者侧重链路层安全加固，后者侧重应用层安全加固。尽管两种安全协议使用了认证、加密、授权、完整性校验等安全机制，它们仍然面临一些安全威胁。DNP3 协议存在数据篡改、拒绝服务、缓冲区溢出、重放和欺骗等安全漏洞。

5 种工业以太网协议的安全性能对比如表 3-14 所示。

表 3-14　5 种工业以太网协议的安全性能对比

协议	Modbus/TCP	EtherNET/IP	Profinet	OPC	DNP3
可用性	○	○	○	○	○
可靠性	○	○	○	○	○
完整性	×	○	×	○	○
保密性	×	×	×	×	○
不可抵赖性	×	×	×	×	○
安全版本	×	○	×	○	○
系统关联度	×	×	×	○	×

注：表中"○"表示在当前协议下具备相应的安全性，否则用"×"表示。

3. 工业以太网协议存在脆弱性的原因

工业以太网组成的系统已经成为整个工业控制系统信息交换的平台，由于工业以太网的实现基础是 TCP/IP 协议簇，TCP/IP 协议簇的开放性和自身的脆弱性使得工业以太网自身很容易遭受恶意攻击。工业以太网存在的脆弱性主要原因如下：

① 工业以太网使用的协议本身具有不同程度的脆弱性。通过发起针对这些脆弱性的入侵，攻击者可以获得各种重要的数据和权限。

② 在组网时，出于对成本的考虑，集线器还在被使用，因此还存在通信介质引起的脆弱性。

③ 在内部网络中的不同网段，具有不同功能的单元有着不同的安全需求，因此，存在着管理配置上的脆弱性。

④ 工业以太网与信息网络互联，使得在连接控制上存在脆弱性。

4. 工业以太网协议脆弱性体现

根据 IETF RFC 4949 标准，工业控制系统协议的脆弱性主要体现在协议设计和协议实现两个方面。一方面由于工业控制系统控制系统自身长期处于封闭状态，基本上忽略外界安全因素的干扰，因此在工业控制系统协议设计之初，将绝大部分重心致力于系统功能的实用性和时效性，从未或很少考虑信息安全因素的影响。一旦遭受网络攻击，工业控制系统协议缺少具体的安全防范措施。另一方面协议开发人员在编写代码过程中存在着逻辑错误或者使用一些容易引发漏洞的底层函数等，从而导致内部系统的异常，如协议设计上可能存在认证绕过/缺失、完整性缺失、信息明文传输等缺陷。协议实现上的脆弱性主要包括协议处理模块中的堆栈溢出、命令注入、空指针引用等漏洞。操作管理方面的脆弱性与协议自身的关系较弱，可通过分级隔离、人员管理等方式解决。由国家信息安全漏洞库（China national vulnerability database，CNVD）公布的协议漏洞可知，主要存在的基于协议设计与实现的漏洞类型如表 3-15 所示。

表 3-15 基于协议设计与实现的漏洞类型

协议设计	协议实现
数据传输过程中进行恶意篡改	缓冲区域、数据边界值以及特殊字符串缺失校验
伪造控制系统的核心指令报文	正常或错误请求的限制缺失
重放型拒绝服务攻击	数据传输过程中的恶意篡改
针对协议规约构造非法报文	恶意提升操作员及主站的控制权限报文
	资源耗尽型拒绝服务攻击

1）协议设计

协议设计缺陷和不足可进一步分为以下三个方面。

（1）协议设计缺乏安全机制。进行协议设计时未考虑安全机制，如 Modbus、DNP3 等协议。广泛应用于电力自动化行业的 MMS 协议标准明确指出，MMS 协议高级别的安全设计不在标准的考虑范围内。

（2）协议对安全机制描述不具体，导致编程人员无法实现定义"模糊"的安全机制。如 GOOSE 协议报文结构设计中定义了一个安全字段,该字段用来作为报文的数字签名,对通信过程传输的报文提供认证和完整性保障。同时,该字段被"AnyOptional"修饰,表明该字段是一个可选字段,可以不出现在报文中。鉴于工业控制场景的高实时性要求以及协议标准缺乏对该安全字段的详细定义,大部分厂商都没有实现安全字段。

(3)协议安全机制设计存在缺陷。如 BACnet 协议、OPC UA 协议、ANSI C12.22 协议等,它们提供安全机制,但未经充分检查和验证,存在潜在的攻击方式。

发现"安全协议"的设计缺陷主要有 2 种方法,即基于攻击测试来检测和通过形式化方法进行检查。

2)协议实现

在协议实现方面,编程人员容易默认"隔离"的工业控制通信环境是可信的,处理协议通信数据时未充分考虑畸形报文,导致程序可能产生漏洞,如内存溢出漏洞、非法内存访问漏洞等。CVE、CNVD、ICS-CERT 等平台的漏洞信息显示,工业控制系统协议在实现上存在多种类型的漏洞,表 3-16 列举了 CNVD 中部分常见的工业控制协议实现漏洞。同时,有些工业控制协议虽然设计了加密、认证等安全机制,但在实现时,由于错误的配置或简化的实现,这些安全机制存在被绕过的可能。

表 3-16 CNVD 中部分常见的工业控制系统协议实现漏洞

协议	漏洞编号	漏洞类型
Modbus	CNVD-2019-00377	缓冲区溢出
	CNVD-2020-32303	拒绝服务
MMS	CNVD-2018-12362	拒绝服务
	CNVD-2019-05652	拒绝服务
OPC UA	CNVD-2018-19099	缓冲区溢出
DNP3	CNVD-2013-07340	拒绝服务

例如,西门子公司最新版本的 S7Comm Plus 私有协议在会话阶段提供加密、认证等安全机制,但 Biham 等人通过对该协议进行分析发现该协议存在安全缺陷:协议认证过程中所有同型号工业控制设备采用相同的密钥。一旦成功逆向破解一款工业控制设备使用的密钥,相同版本固件的所有工业控制设备的通信都将变得不安全。施耐德电气公司设计的 UMAS 协议,在管理控制 ModiconM221 控制器时提供密码认证安全机制。但 Kalle 等人发现该安全机制的实现存在重大缺陷,编程人员将安全保障至关重要的 Hash 密钥存储在一个固定的地址,一旦攻击者发送数据重写该固定地址,即可将该 Hash 密钥覆盖,从而绕过认证机制,最终能够绕过授权执行任意操作。S7Comm Plus 协议威胁样例如表 3-17 所示。

表 3-17　S7Comm Plus 协议威胁样例

严重等级	威胁行为描述	潜在危害
高	主站下发 STOP/RUN 命令	导致设备进入停机状态/设备被启动初始化
高	主站下发 download block 命令	PLC 的内部程序块可能正在被替换
高	主站下发 delete block 命令	PLC 的内部程序块可能正在被删除
中	主站下发错误的密码请求	正在未授权访问
中	主站下发 read szl 请求	正在尝试获取设备模块信息、固件信息

3.2.2　工业控制主机的脆弱性

工业控制主机的主要类别有 PC 总线工业电脑(IPC)、可编程逻辑控制器(PLC)、分布式控制系统(DCS)、现场总线系统(FCS)及数控系统(CNC)。

IPC 即基于 PC 总线的工业电脑,其因价格低、质量高、产量大、软/硬件资源丰富,已被广大的技术人员所熟悉和认可。IPC 主要的组成部分为工业机箱、无源底板及可插入其上的各种板卡(如 CPU 卡、I/O 卡等)。其采取全钢机壳、机卡压条过滤网、双正压风扇等设计及电磁兼容性(electro magnetic compatibility,EMC)技术以解决工业现场的电磁干扰、震动、灰尘、高低温等问题。

PLC 是一种专门为在工业环境下应用而设计的数字运算操作电子系统。它采用一种可编程的存储器,在其内部存储执行逻辑运算、顺序控制、定时、计数和算术运算等操作指令,通过数字式或模拟式的输入输出来控制各种类型的机械设备或生产过程。

DCS 是一种高性能、高质量、低成本、配置灵活的分布控制系统,可以构成各种独立的控制系统、监控和数据采集系统(SCADA),能满足各工业领域对过程控制和信息管理的需求。系统的模块化设计、合理的软/硬件功能配置和易于扩展的能力,能广泛用于各种大、中、小型电站的分布式控制,发电厂自动化系统的改造,以及钢铁、石化、造纸、水泥等工业生产过程控制。

FCS是一种全数字串行、双向通信系统。系统内测量和控制设备如探头、激励器和控制器可相互连接、监测和控制。在工厂网络的分级中,它既作为过程控制(如PLC)和应用智能仪表(如变频器、阀门、条码阅读器等)的局部网,又具有在网络上分布控制应用的内嵌功能。比较典型的现场总线有FF、Profibus、LonWorks、CAN、HART、CC-Link等。

CNC是采用微处理器或专用微机的数控系统,由事先存放在存储器的系统程序(软件)来实现逻辑控制、部分或全部数控功能,并通过接口与外围设备进行连接。

经过多年的主机安全防护实践,发现很多高危的风险隐患依然存在。由于近几年来对网络安全的重视,新建工业控制系统在建设时会将网络安全作为重要的一环进行设计,主机多采用Linux操作系统或国产主机及控制系统,风险隐患相对较低。但存量的工业控制系统风险隐患尤为明显,尤其是10年前建设的工业控制系统,设计时多偏向功能和应用,对主机安全设计较为忽略,多数为工业主机、商用台式机,多采用Windows 7/XP/2008操作系统。受控制系统平台制约无法更换主机的操作系统,同时常见的安全防护软件在很多存量的工业控制系统中无法很好地应用。其主要原因是管理员或厂家无法接受在控制主机端安装安全防护软件,或部分老旧主机安装防护软件后会严重占用系统资源而影响业务应用。以电力行业为例,发现存在很多相似的安全风险隐患:

① 电力监控系统中工程师站、操作员站、历史站存在不必要的软盘驱动、光盘驱动、USB接口、串行口、无线模块、蓝牙模块等,重要端口没有采用技术措施确保安全;

② 电力监控系统中工程师站及操作员站无密码登录或弱口令登录,缺乏技术手段实现双因子认证登录;

③ 电力监控系统中工程师站与操作员站存在默认账户及访客用户,未使用合理策略控制安全风险;

④ 电力监控系统中工程师站与操作员站的终端I/O设备操作权限缺乏技术管控手段,存在内部恶意人员非授权操作及越权操作等安全威胁;

⑤ 电力监控系统中工程师站或操作员站的系统配置、运行监控、重大操作等行为操作、USB口使用、数据交换等操作缺乏行为监管,无法做到行为审计,无法实现过程追溯;

⑥ 电力监控系统中工程师站、操作员站、历史站、OPC Server主机、工作站、一般都采用Windows系统,由于处于电厂内部的隔离网络,系统存在补丁

升级更新不及时或不能更新、无补丁可更新的状况,设备或系统存在来自操作系统层面的漏洞,在特定工作中如部分系统调试和维护时,通常需要本地或远程接入笔记本电脑,而对这些接入的移动终端缺乏有效的安全监管,这些常见隐患给工业控制系统带来巨大的安全风险。

主机安全防护技术经过多年的发展,出现了安全防护、白名单等多种安全防护解决方案,在新建系统中应用广泛。但针对存量的工业控制系统,这些解决方案在安全管理大区的非控制大区尚有应用,但在生产的控制大区则相对较少,还无法大面积广泛采用。

从针对工业控制系统攻击的安全事件来看,工业控制主机(操作员站、工程师站、OPC 接口机、历史站等)成为攻击的首要目标,然后把工业控制主机作为跳板机,对控制设备、生产设备、工艺等进行攻击。分析其原因,主要有两点:一是攻击工业控制主机从技术上讲比直接攻击控制设备更加容易;二是工业主机的安全问题更多,更容易被利用。目前,工业控制主机存在的安全问题主要包括内部安全问题和外部安全问题。

1)内部安全问题

工业控制主机的操作系统版本老旧,大多数是 Windows XP 及以下版本,这些操作系统存在的漏洞多,而且补丁存在不易更新、不敢更新、不想更新的现象,另外微软早已不提供补丁更新技术。

(1)安全配置基线无加固:大多数工业企业未对工业控制主机进行安全加固,普遍存在弱口令,未删除多余过期的账户,默认开启共享桌面、高危端口(如 139、445、3389、5900 等)以及安装与工作无关的软件,如向日葵、VNC、TeamViewer 以及即时通信工具等。

(2)恶意代码防范能力弱:工业控制主机普遍缺乏对恶意代码的防范,有的企业对工业控制主机安装了杀毒软件(如 McAfee、360 杀毒),但是这些软件"水土不服",存在误杀、不兼容以及病毒库不能实时更新等问题。

(3)移动存储介质零管控:在一些工业生产环境中移动存储介质处于零管控状态,移动存储介质在生产环境与互联网环境随意使用;虽然有一些企业使用管理办法和物理封堵的方法来对介质进行管控,但还存在漏洞,移动存储介质屡禁不止的现象依然发生,导致一些病毒、木马、蠕虫等恶意代码程序通过移动存储介质进入工业生产环境中。

2)外部安全问题

(1)空气中的可吸入颗粒物多:工厂内的原料大多需要粉料进行加工,加上外界空气流动大、沙尘多，工业控制主机内容易积聚大量絮状积尘，造成工控机内局部温度过高，带来硬件损坏。这种情况多发于 CPU、电源、硬盘、显卡等散热风扇周围。积尘较轻的地方，在正常生产允许的情况下，可以采用定时吹尘清理。积尘较严重的地方，可以在工业控制主机箱通风处安置滤尘纱布，做定期清理。

（2）供电电压波动大、易停电：随着工业的发展和生活水平的提高，人们对电量的需求量也日益增大，一些比较偏僻的地区容易出现供电不足、电压不稳的现象，造成工业控制系统经常重新启动，系统重要的日志文件容易丢失而导致无法正常启动。因此，工业控制主机工作环境电源的稳定关系到工业控制主机工作正常与否。需要采用稳压电源和 UPS 不间断电源进行保护，具体设备选型，要依负载功率大小、需保持工作时间多少来定。

（3）环境湿度不适宜：工业控制主机由许多电子元件的集成电路构成，其绝缘性能跟环境湿度有很大关系。湿度过大，很容易造成电路板短路而烧毁；湿度过小，容易产生静电，也会击穿部分电子元件。因此，湿度过大、过小，都会给工业控制主机带来潜在的威胁。静电防护要求工业控制主机上必须要有良好的仪表接地。

（4）地面震感大：许多工厂生产中电机常产生拖动、震动等物理性位移动作，不仅带来巨大的噪声，同时，震动也会给工业控制主机硬盘等硬件带来巨大的损害。硬盘生产的工艺越来越高。在自动化控制系统中，有大量数据需要交换，长时间、高速度运转的硬盘，容易因振动导致读写能力下降，磁头定位缓慢，甚至造成损坏。因此减轻工控机环境振感，有利于保护硬盘。

3.2.3　工业控制设备的脆弱性

当前的工业控制系统大量采用国外厂商的设备，由于对国外设备了解程度不够深入，因此难以发现针对工业控制设备的漏洞、恶意代码、内置后门等安全隐患。自动化网络与信息化网络互联后，工业控制设备的网络安全问题将对国家关键生产控制系统产生威胁。

在"两化"融合蓬勃发展的今天，国内大型成套设备的工业控制系统中，无论是工业设备还是网络控制设备，大多采用了国外技术领先的设备。国外厂商在工业控制系统集成、调试和后续维护工作上，大多以网络在线监控、诊断、控制和远程代码升级等方式实现。这些实现方式其实是一把双刃剑，在降本节能的同时也给企业工业控制信息安全带来了巨大的隐患。外部攻击者可以通过这些网络接入方式，介入、控制或改变工业控制系统，直接造成工业控制系统崩溃和瘫痪。

出于对系统稳定性、可靠性考虑,许多企业仍然以采购国外技术成熟供应商的服务器作为工业控制系统的服务器,服务器系统环境通常也是微软操作系统等国外核心系统。

工业控制系统中的路由器、交换机等也可能是国外先进设备。这使得我国工业企业工业控制系统安全的日益完善受到了制约。工业现场工业控制系统PC通常和操作人员的办公PC是同一台计算机。日常通过U盘插拔和在线传输等方式传输文件,容易让病毒、木马等进入工业控制系统,从而威胁工业控制系统信息安全。

(1) 设备生产商可能留有访问后门:NSS实验室发现德国西门子公司的某些工业控制系统中存在"后门",据西门子公司解释,这些"后门"是为了便于系统维护和调试。"后门"通常拥有很大的访问权限,这些"后门"一旦被利用将对工业控制系统造成较大破坏。

(2) 未提供统一的安全防护模型:不同行业的生产设备千差万别,相同行业的不同厂商生产的设备也不一样,这两种差异导致工业控制系统不能构建一个通用的信息安全模型。普通信息系统的安全技术,比如通用防火墙、入侵检测设备、日志审计设备不能很好地解决工业控制系统的信息安全问题。企业要根据行业特点定制专用安全模型。定制专用安全模型不仅工作量巨大,而且需要设备生产商的大力支持,而设备生产商同样缺乏信息安全意识,导致安全模型和设备迟迟不能投入使用。

(3) 设备陈旧且未配备信息安全措施:工业控制设备长时间不升级,导致工业控制系统中存在大量过时的技术和产品,目前国内发电厂和金属冶炼厂中存在大量Windows 2000和Windows XP系统,而微软公司很久以前就停止对这两种操作系统的支持。此外早已过时的DCOM技术仍在使用,该技术的通信端口不固定,网络攻击很容易和DCOM技术混在一起,逃避追踪。

目前公开的漏洞涉及的工业控制系统主要厂商有西门子(Siemens)、罗克韦尔(Rockwell)与通用电气(GE)等国外厂商。而这些国外工业控制系统厂商的产品在国内工业控制设备市场上占主流地位,甚至某些产品在某些行业具有垄断地位。

3.2.4 工业控制网络的脆弱性

传统的工业控制网络是一种专用网络,处于一个相对封闭的网络环境,工业控制网络最关注的是可用性,因为工业生产环境恶劣,但对设备的稳定性要求又极高,这就使得以前的工业控制设备在设计时就将功能简化,没有多余的算力来支持网络安全程序的运行,所以工业控制网络天生脆弱。工业控制网络中的数据传输都是没有加密的明文,也没有任何身份认证机制,在系统正式运行前几乎不会进行安全漏洞检测,在投入生产后为了保障可用性,也很少会对系统和软件进行升级。

对于工业企业而言,其网络系统主要包含办公网络与生产网络。办公网络即企业从业人员对业务进行处理的网络,其通常需与互联网进行连接。生产网络是企业从事工业生产控制的网络,一般会将其与外网分隔开来,这样做的目的是保障生产过程的安全性。在如今智能化与信息化的环境下,工业控制系统也逐渐朝着现代化的方向发展,在应用这些先进技术的时候,工业控制网络也越来越公开化与透明化,同时攻击者与侵入者的攻击方法也越来越多,主要有完整性攻击、重放攻击、拒绝服务攻击以及数据注入攻击等。除了上述问题外,还存在着网络通信保障制度不健全、监控与应急相应制度匮乏等问题,对工业控制系统安全产生影响。此外,非常多的企业的网络区域区分不明确,办公网络和生产网络连接在一起,致使来自网络的威胁经过办公网络深入生产网络内,从而对工业控制系统网络产生破坏作用,即使部分企业已经将办公网络与生产网络分隔开来,但是这并无法确保工业控制系统的安全性,企业职工擅自对存储设备进行移动、企业中公用的无线网络等,都可能会带来安全问题。

随着工业控制网络和办公网络的联系日益紧密,企业在享受信息技术带来便利的同时,也面临更多安全问题。本就不太健壮的 TCP/IP 协议在和 OPC 协议相遇后就出现更多的安全漏洞,Linux 和 Windows 等通用产品在漏洞威胁日益严峻的今天将给工业控制网络带来更大的暴露面。通信协议和操作系统在设计之初都没有考虑安全需求,仅为完成传输功能设计。

目前,利用安全管理、IT 安全防护技术和工业防火墙等全套的安全防护技术来加强工业控制网络的安全,尽管如此也不能完全阻止非法入侵和攻击行为,因此在有效地加强工业控制网络安全的基础上,也要注重工业控制网络的应用安全,提升工业控制网络管理控制能力和自身的安全防护能力。

工业控制网络分为现场总线控制网络、过程控制与监控网络、企业办公网络三个逻辑层,如图 3-12 所示。现场总线控制网络包含了现场设备层和现场监控层,它们之间利用现场总线技术将传感器、继电器等现场设备与 PLC、RTU 等现场控制设备相连,直接采集现场数据到 DCS,完成基本的数据采集和过程控制;中间层是过程控制与监控网络,包含过程监控层和生产管理层,其中过程监控层负责监控及展示生产数据,生产管理层主要为上层企业网络提供数据支持;最上层是企业办公网络,主要通过对各种数据的应用进行辅助决策。

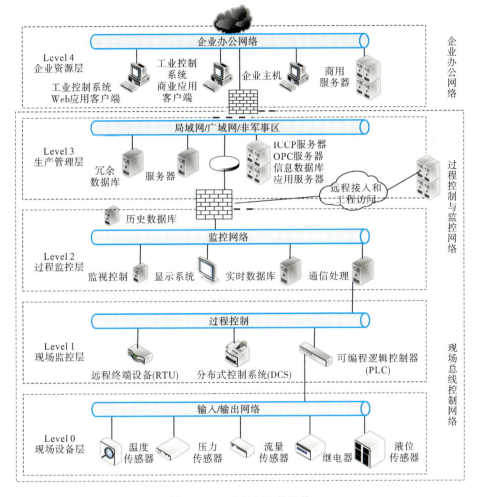

图 3-12 工业控制网络架构

现场总线控制网络由于通常处于作业现场,因此环境复杂,部分控制系统网络采用各种接入技术作为现有网络的延伸,如无线和微波,这也将引入一定的安全风险。同时,PLC 等现场设备在现场维护时,也可能因不安全的串口连接(如缺乏连接认证)或缺乏有效的配置核查,而造成 PLC 设备运行参数被篡改,对整个工业控制系统的运行造成危害(如伊朗核电站离心机转速参数被篡改造成的危害)。该网络包含了大量的工业控制设备,设备存在大量工业控制安全漏洞（如 PLC 漏洞、DCS 系统漏洞等），同时在该网络内传输的工业控制系统数据没有进行加密，存在被篡改和泄露的风险。现场总线控制网络缺少工业控制网络安全审计与检测及入侵防御的措施，容易对该网络内的设备和系统数据造成破坏。受现场总线控制网络实时性要求及工业控制系统通信协议私有性的局限，多数访问并未能实现基本访问控制及认证机制，即使在企业办公网络与监控网络之间设置物理隔离设备（如防火墙、网闸等），仍然存在因策略配置不当而被穿透的问题。

过程控制与监控网络主要部署 SCADA 服务器、历史数据库、实时数据库以及人机界面等关键工业控制系统组件。在这个网络中，系统操作人员可以通过 HMI 界面、SCADA 系统及其他远程控制设备，对现场控制系统网络中的远程终端单元（RTU）、现场总线的控制和采集设备（PLC 或者 RTU）的运行状态进行监控、评估、分析；并依据运行状况对 PLC 或 RTU 进行调整或控制。监控网络负责管控工业控制系统，其重要性不言而喻。面对现场设备的远程无线控制、监控网络设备维护工作及需要合作伙伴协同等现实需求，企业要在控制网络中需要考虑相应的安全威胁：不安全的移动维护设备（比如笔记本电脑、移动 U 盘等）的未授权接入，从而造成木马、病毒等恶意代码在网络中传播。

监控网络与 RTU/PLC 之间不安全的无线通信，可能被利用以攻击工业控制系统。因合作的需要，工业控制网络有可能存在外联的第三方合作网络并且网络之间存在重要的数据信息交换。虽然这些网络之间采取一定的隔离及访问控制策略，但日新月异的新型攻击技术也可能造成这些防护措施的失效，因此来自合作网络的安全威胁也是不容忽视的。

以 SCADA 系统为例，该系统的现场设备层和过程监控层主要使用现场总线协议和工业以太网协议。现场总线协议在设计时大多没有考虑安全因素，缺少认证、授权和加密机制，数据与控制系统以明文方式传递；工业以太网协议也只是对控制协议进行简单封装，如 CIP 封装为 EtherNET/IP，Modbus 封装为 Modbus/TCP，一些协议的设计给攻击者提供了收集 SCADA 系统信息、发动拒绝服务攻击的条件，而在协议实现中，常常在处理格式化消息方面存在缺陷。

监控网络负责对工业生产过程进行管控，在现代工业控制系统中具有非常重要的地位。工业控制系统的生命周期较长，工程师站和操作员站都相对固定，因此，工业控制计算机存在着操作系统漏洞过多而无法及时修复、登录认证方式过于简单、缺乏安全有效的防护工具等问题；相关人员在对工业控制系统进行维护时往往采用远程访问或移动终端接入的方式，因此，存在着未授权访问和移动终端携带病毒的可能性；工业应用软件随着工业控制系统需求的增多而逐渐复杂化，但缺乏有效的安全管理手段，带来了许多潜在危险；管理者在工业控制平台的操作权限过高，而缺乏必要的信息安全知识，也会给工业控制系统安全运行带来隐患。

企业办公网络负责公司数据的处理、存储和检索。为了提高企业的生产力和竞争力，企业办公网络与互联网进行连接。但同时，开放互联也增加了工业控制系统被普通计算机网络中存在的恶意程序攻击而造成破坏的可能性。各类联网用户的请求和应用进程间的通信为工业控制系统带来了大量冲击性流量，也为通信流量的预测和识别带来了一定困难。此外，企业办公网络还存在防火墙配置不适当、缺乏安全边界控制、联网用户通过网络漏洞获取生产控制网络关键设备的运行控制数据等问题。随着国家工业化和信息化"两化"融合深入推进，传统信息技术广泛应用到工业生产的各个环节，信息化成为工业企业经营管理的常规手段。信息化进程和工业化进程不再相互独立进行，不再是单方的带动和促进关系，两者在技术、产品、管理等各个层面相互交融，彼此不可分割。传统 IT 在工业控制系统的广泛应用也势必会给工业控制系统引入更多的安全风险。"震网""Duqu""火焰"等针对工业控制系统的网络病毒渐渐为人们所知，工业控制网络安全越来越受到各方的关注。对工业用户而言，其根深蒂固的"物理隔离即绝对安全"的理念正在被慢慢颠覆。

在石油、化工企业中，随着 ERP、CRM 以及 OA 等传统信息系统的广泛使用，工业控制网络和企业办公网络的联系越来越紧密，企业在提高公司运营效率、降低维护成本的同时，也随之带来了更多的安全问题。

企业办公网络的脆弱性主要包括以下四个方面。

① 信息资产自身漏洞的脆弱性。随着 TCP/IP 协议、OPC 协议等通用技术和 PC、Windows 操作系统等通用硬软件产品被广泛地用于石油、化工等工业控制系统，通信协议漏洞、设备漏洞以及应用软件漏洞问题日益突出。2010 年发生的伊朗核电站"震网"事件，就是同时利用了工业控制系统、Windows 系统的多个漏洞。事件发生之后，大量高风险未公开漏洞通过地下经济出卖或被某些国家/组织高价收购，并被利用来开发 0day 攻击或高级持续威胁（advanced persistent threat，APT）攻击技术，为未来可能的网络对抗做准备。因此，现有高风险漏洞以及 0day 漏洞的新型攻击已经成为网络空间安全防护的新挑战，而涉及国计民生的石油、石化、电力、交通、市政等行业的国家关键基础设施及其工业控制系统，在工业化和信息化日益融合的今天，将极大可能成为未来网

络攻击的重要目标。

② 网络互联给系统带来的脆弱性。根据风险敏感程度和企业应用场景的不同,企业办公网络可能存在与外部互联网通信的边界;而企业办公网络信息系统的通信需求主要来自用户请求,多用户、多种应用带来了大量不规律的流量,也导致了不同应用环境下通信流量的难以预测。一旦企业办公网络与互联网通信,就可能存在来自互联网的安全威胁,例如来自互联网的网络攻击、僵尸木马、病毒、拒绝服务攻击、未授权的非法访问等。这时通常就需要具有较完备的安全边界防护措施,如防火墙、严格的身份认证及准入控制机制等。

③ 内部管理机制缺失带来的脆弱性。工业控制系统的监控及采集数据也需要被企业内部的系统或人员访问或进行处理。这样在企业办公网络与工业控制系统的监控网络,甚至现场网络(总线层)之间就存在信息访问路径。由于工业控制系统通信协议的局限,这些访问多数并未能实现基本访问控制及认证机制,也同时存在设备随意接入、非授权访问、越权访问等多种风险。

④ 缺乏安全意识带来的脆弱性。工业控制系统不像互联网或与传统企业IT网络那样备受黑客的关注,在2010年伊朗"震网"事件发生之前很少有黑客攻击工业控制网络的事件发生。工业控制系统在设计时多考虑系统的可用性,对安全性问题的考虑不足,无法制定完善的工业控制系统安全政策、管理制度以及对人员的安全意识培养政策。人员安全意识薄弱是造成工业控制系统安全风险的一个重要因素,特别是与社会工程学相关的定向钓鱼攻击可能使重要岗位人员沦为外部威胁入侵的跳板。

综合现场总线控制网络、过程控制与监控网络、企业办公网络的脆弱性,构成工业控制网络威胁的三个主要方面如下。

(1) 非法访问。

非法访问是指不合理的资源访问控制、不合法的操作、不应进入的人进入网络窃取信息。

(2) 外部威胁。

① 病毒的感染。病毒通过互联网进入工业控制网络,对网络进行非法攻击。

② 移动存储设备风险。大多数企业对生产现场上位机的USB设备使用管理缺乏技术手段,容易导致工业控制系统因USB设备而感染病毒,或造成敏感信息泄露。历来的重大工业控制安全事件都或多或少地与USB设备有一定关系,移动设备带来的安全问题占据了很大比例。虽然大多数的现场设备的USB

端口被物理封掉,但是如果不配合技术手段,还是难以达到避免威胁的最佳效果。

③ 远程维护风险。由于现场控制系统及设备往往采用多家厂商的产品,在进行设备检修或者维护的时候,有时需要进行远程维护,而多数的远程维护并没有采用 VPN,第三方人员通过外部网络接入工业控制系统进行远程维护时,可以通过技术手段获取工业控制系统的敏感信息,可能会造成商业机密外泄,影响企业的经济收益,甚至造成社会影响。

(3) 内部攻击。

在工业控制以太网局域网内部,一些非法用户能够冒充合法用户,使用合法用户的口令并以合法的身份登录系统,窃取商业的机密信息,篡改其中重要内容及控制指令,破坏应用系统的正常运行。

3.2.5 工业控制系统的脆弱性

工业控制系统中的脆弱性可划分为策略和程序脆弱性、平台脆弱性和网络脆弱性。美国国家标准与技术研究院发布的《工业控制系统安全指南》列出的工业控制系统主要脆弱性如表 3-18 所示。

表 3-18 工业控制系统主要脆弱性

脆弱性分类		描述
策略和程序脆弱性		缺乏针对工业控制网络的特定安全策略
		无针对工业控制网络的培训和意识教育
		缺乏安全架构设计
		没有针对安全策略形成安全工作流程
		缺乏安全审计
		缺乏工业控制网络业务连续性计划或灾难恢复计划
		缺少口令登录的次数限制和口令定期更换机制
		缺乏工业控制网络特定的变更管理
平台脆弱性	平台配置脆弱性	操作系统和软件供应商没有开发补丁程序
		操作系统及软件补丁没有及时安装
		操作系统及应用的软件补丁未经过测试
		使用系统默认配置
		关键配置文件没有存储或备份

续表

脆弱性分类		描述
平台脆弱性	平台配置脆弱性	移动设备数据缺乏保护
		缺乏适当的密码策略，未设置密码，密码丢失，使用弱密码
		缺乏访问控制策略
	平台硬件脆弱性	针对关键系统缺乏物理防护
		设备变更时没有进行测试
		双网卡（NIC）连接网络时存在网卡间的访问漏洞
		未授权人员可以访问、接触物理设备
		有不安全的远程访问通道
		存在未记录的资产
		缺乏备用电源
		易受网络负载的影响，环境控制缺失
		缺乏无线电频率和电磁脉冲防护能力
		缺乏关键组件的冗余备份，可导致单点故障
	平台软件脆弱性	缓冲区溢出，容易被黑客利用而发起攻击
		开启安装的安全设备，没有开启防护功能
		易遭遇拒绝服务攻击，导致合法用户不能访问或系统缓慢
		易遭遇针对OPC的RPC/DCOM攻击
		使用不安全的工业领域通信协议
		使用明文进行传输
		运行不必要的服务
		不恰当的针对配置和编程软件的访问控制
		未安装入侵检测/防御工具
		未留存日志
		未监控安全事件，不能及时发现恶意攻击
	恶意代码保护脆弱性	未安装恶意代码防护软件
		恶意代码防护软件更新不及时
		恶意代码防护软件部署前未测试

续表

脆弱性分类		描述
网络脆弱性	网络配置脆弱性	网络架构存在脆弱性
		未对数据流进行限制
		网络设备配置未存储和备份
		敏感信息(如口令等)传输未加密
	网络硬件脆弱性	不恰当的物理保护和环境控制
		不安全的物理端口
		不必要的人员对网络设备和线缆的访问
		关键网络缺乏冗余
	网络边界脆弱性	未定义安全边界
		未部署防火墙或者配置不当
		控制网络内部存在其他不相关的流量
		控制网络依赖非控制网络的服务
	网络监控/日志脆弱性	不恰当的防火墙和路由器日志配置
		控制网络无监控
	无线网络脆弱性	无线客户端和接入点的认证措施不足
		无线客户端和接入点之间的数据传输保护措施不足
	通信脆弱性	通信缺乏完整性校验
		通信未进行用户和设备认证
		采用公开明文协议
		关键监控和控制路径未识别

工业以太网技术的应用使工业控制系统的弱点越来越多,脆弱性加强。图 3-13 展示了工业控制系统的风险点。

工业控制系统由于复杂的现场与不完备的安全机制,攻击面较传统网络也更大,下面讨论了几种工业控制系统的典型攻击点。

(1) 对终端设备的直接攻击。

当攻击者取得生产控制网络的权限后,便可以对终端控制设备进行直接攻击,从而导致生产失控、设备损坏等严重后果,图 3-14 为其攻击示意图。

(2) 对人机接口(HMI)进行攻击。

HMI 在内网中,当攻击者对人机接口进行攻击后,便可获取到网络中的敏感信息,或者直接对上位工程师站、操作员站进行远程控制,从而对与其相关的设备进行攻击。其攻击示意图如图 3-15 所示。

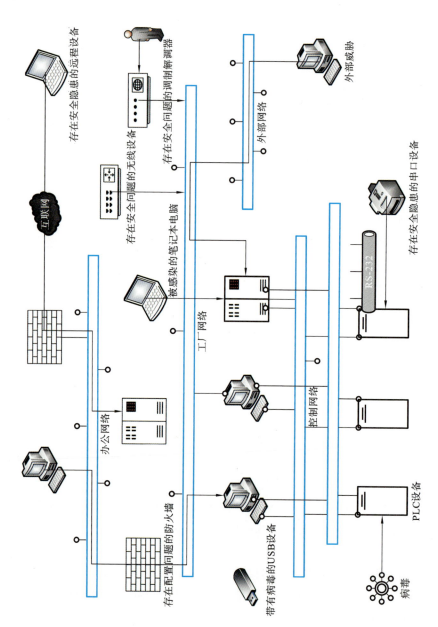

图 3-13 工业控制系统风险点

第 3 章
工业控制系统脆弱性分析

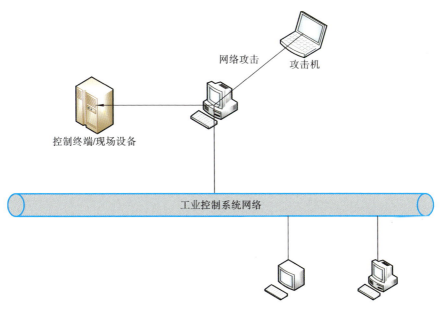

图 3-14　对终端控制设备的直接攻击

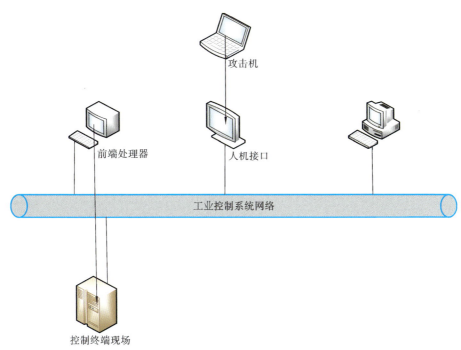

图 3-15　攻击 HMI

(3)攻击数据库。

工业控制系统数据库保存着系统的重要数据,并且有些工业控制设备运行需要的数据也保存在数据库中。对数据库进行攻击,可篡改其中数据,对工业控制系统造成危害,其攻击示意图如图 3-16 所示。

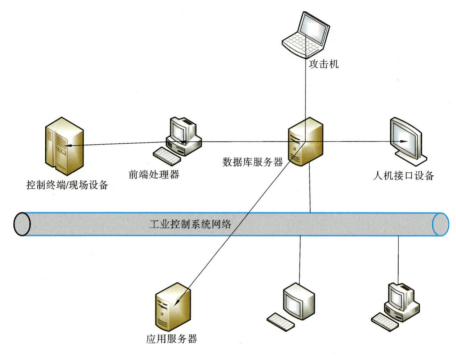

图 3-16 攻击数据库

(4)中间人攻击。

中间人攻击是一种间接入侵攻击。攻击者控制的机器放置在两台通信设备中,攻击机对通信的两端分别建立独立的联系,并交换其所收到的数据,对通信数据进行非法篡改,使两端设备操作员无法及时看到设备实时状态,实现非法目的。其攻击示意图如图 3-17 所示。

(5)虚假数据注入。

虚假数据注入能够利用系统对数据合法性检测不足的漏洞,篡改状态结果,特别是对于电力行业,后果会很严重。虚假数据注入主要是在量测值中注入虚假数据攻击向量,使非法数据可以通过数据监测,从而使系统运行在错误的状态,而数据监测并没有报警。

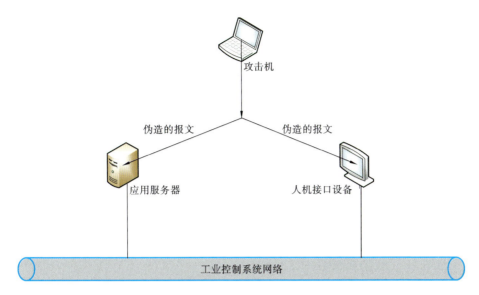

图 3-17　中间人攻击

（6）PLC 蠕虫病毒。

工业控制内网环境下，由于缺乏杀毒措施，病毒的破坏能力惊人，一些经过设计的蠕虫病毒，会在内网中自动传播复制，造成网络与设备故障。蠕虫病毒首先选择 IP 尝试连接，如果成功建立连接，则检查其是否已被感染；若连接不成功或者已被感染，则选择新的 IP 重新尝试连接；若未被感染，则下载病毒程序，重启目标 PLC。

第 4 章 工业控制系统威胁分析

4.1 威胁模型

4.1.1 威胁建模的概念

1. 什么是威胁建模

威胁建模是一种广泛应用于软件工程的方法论,是用攻击者视角进行漏洞识别、威胁枚举和威胁排序的流程方法。威胁建模的主要目的是为安全防护提供攻击威胁相关信息的系统化分析,包括分析可能性最高的攻击向量、最易受威胁的资产、攻击产生特征等内容。威胁建模概念起源于 20 世纪 60 年代,最早期的威胁建模方法论是从架构模式论演化而来,由 Christopher Alexander 于 1977 年发表。1988 年 Robert Barnard 首次将威胁模型成功应用于信息系统的攻击分析,后续随着威胁建模思想的发展,攻击树(attack tree)、STRIDE(spoofing,tampering,repudiation,information disclosure,denial of service,elevation of privilege,仿冒、篡改、抵赖、信息泄露、拒绝服务、提升权限)、OCTAVE(operationally critical threat,asset,vulnerability evaluation,可操作的关键威胁、资产和弱电评估)、CAPEC(common attack pattern enumeration and classification,常见攻击模式枚举与分类)等模型和工具逐步被提出和优化,目前已形成了各类丰富的分析流程和方法论工具。

威胁广泛存在,通过建模的方式可以更好地对威胁本身进行分析,提取特征标志,从而将原本看不见、摸不着的概念转变为实实在在的对象和关系。建模的过程就是将威胁从抽象转化为具体的过程,将原本抽象的概念提升为立体的模型,用模型清晰地构建各个对象间的关系结构,从而可以针对逐个对象、逐个关联关系进行梳理分析,解构威胁各类要素。

威胁建模数十年来不断获得大家的认可,安全行业的从业人员普遍认识到,在研发团队的安全例行活动中,对于一些拥有重要数据资产、安全事件影响力大的系统,除了要进行常规的渗透测试、黑白盒代码扫描之外,更应该系统、定期地开展威胁建模活动并对业务赋能。

2. 威胁建模的主要元素

威胁建模有三大主要元素。
(1) 资产:应保护哪些有价值的数据和设备。
(2) 威胁:攻击者可能对系统实施的行为。
(3) 漏洞:有哪些漏洞对系统构成威胁。

4.1.2 威胁建模分析的切入点

在分析威胁建模之前,先来看看常见的威胁建模分析的切入点。

1. 以攻击者作为切入点

以攻击者作为切入点(attacker-centric)的威胁建模分析方式是从攻击者的角度出发,分析、评估攻击者的目的及目的实现方式。这种分析方式通常围绕系统的资产展开,在这种分析方式中,攻击者的动机是最需要被考虑的,例如某攻击者想进入其无权限的系统中读取机密数据。

2. 以软件系统作为切入点

以软件系统作为切入点(software-centric)的威胁建模分析方式围绕系统的设计方式与运作目的展开,寻找攻击者对系统及系统内部模块的攻击方式,例如微软的安全性开发生命周期(security development lifecycle,SDL)就是一种以软件系统为切入点的威胁建模分析方式。

3. 以资源作为切入点

以资源作为切入点(asset-centric)的威胁建模分析方式围绕系统中的资源进行分析,这种资源可能是系统收集到的个人敏感信息、业务系统的交易数据等。

威胁建模是安全性工程的一部分,安全性工程的一种描述方式如图4-1所示。威胁建模过程需要理解系统的复杂度,识别出所有系统可能面临的威胁而不管这些威胁是否可以被利用。在安全性需求形成的过程中,需要根据这些威胁的严重性与可能性确定是否减轻威胁或接受相关风险。威胁建模为安全系统的构建提供了基础。

识别威胁有助于制定现实可行的、有意义的安全性需求,如果安全性需求有误,对系统的安全性定义也会出错,那么这个系统就不可能是安全的系统。

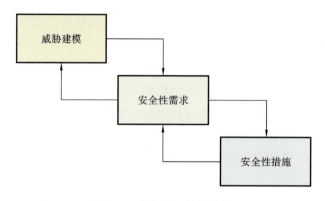

图 4-1　安全性工程描述图

正确地识别威胁、合理地选择安全对策能够减轻攻击者对系统的危害。在这个层次上,威胁建模以攻击者的角度来看系统,协助设计人员预测攻击目标,并确定系统需要被保护的地方以及为了抵御谁的攻击而采取的保护措施。任何类型的系统都能受益于威胁模型,这些系统可能是简单的系统或复杂的系统,可能是已经部署并投入使用的系统或仍处在设计开发阶段的系统。无论是什么系统,无论是在系统开发的哪一阶段,经过仔细分析得出的威胁模型带来的好处都被证明是相当有用的。

构建威胁模型不能仅靠简单的猜想来得到攻击者的意图,这种方式既不具有系统化的特征,也可能遗留大部分未被发现的攻击可能,使攻击者只需通过一个安全缺陷就能使整个系统受到危害。因此,系统化的威胁建模过程是非常必要的。尽管对一个现有系统进行威胁建模和在最初的设计阶段对系统进行威胁建模所需的代价相同,但现有系统中由于体系结构的限制,缓解威胁带来的影响更加困难,所以应该尽可能在系统设计的早期阶段采用威胁分析的方法。

4.1.3　威胁建模的主要步骤

威胁建模的一般过程分三步:描述系统、识别资产和接入点、识别威胁。描述系统意味着理解系统的组件和这些组件之间的互联关系,并构建一个系统模型来强调系统的主要特征;继而根据构建的系统模型,识别出系统的资产和接入点;识别威胁则需要创建系统的威胁信息表,描述所有需要缓解或接受为低风险的潜在攻击。

1. 描述系统

在开始进行威胁建模时,安全设计人员需要完全理解目标系统,包括理解系统的每一个组件和它们之间的互联关系,确定组件间的假设和依赖关系,从而得到一个能够揭示出系统本质特征的系统模型。

根据系统的类型,可以使用多种不同的方法对系统建模。例如,绘制出系统的数据流关系图(data flow diagram,DFD),从而将该应用系统分解成不同的功能组件并显示出数据流在系统不同组件之间的流入流出关系。DFD 比其他系统视图更容易识别出系统面临的威胁,因为它可以跟踪被系统处理的攻击者的数据和命令,分析它们是如何被解析及响应的,并能够指出与之相关的资产信息。

虽然 DFD 方法具有很好的特性,但并非所有的系统都能够简单地使用 DFD 方法建模。有些系统非常复杂,不可能完全掌握所有存在于系统中的组件,因而也不可能做出关于数据流路径的假设分析,比如大型的网络系统。这类网络系统则可以通过网络模型来描述,网络模型使得分析人员能够查看不同角色的计算机之间的通信。当对网络系统进行威胁建模时,首先需要确定网络上不同类别的计算机的角色和功能,然后归纳出不同角色的实体之间的通信模式。例如,应用服务器需要同时与领域控制器和用户的工作站通信,那么就需要具体描述通信过程中使用的协议、端口以及流量模式等内容。

2. 识别资产和接入点

为了正确地应用威胁建模,分析人员必须学会像攻击者那样思考。一旦分析人员完全理解了系统,应用威胁建模将比较容易做到。攻击者可能会根据系统的资源、访问、风险承受能力和目标来描述系统。因此,分析人员应尝试回答这些问题:谁是系统潜在的攻击者?攻击者的动机是什么?攻击者攻击系统希望达到怎么样的目标?攻击者已经得到了多少系统的内部信息?

识别资产和接入点是威胁建模过程中的关键步骤。资产是系统的资源,可以是抽象的或具体的,这些资源受到系统的保护从而不被攻击者恶意使用。资产可以是有形的,例如程序和数据,也可以是抽象的,例如数据的一致性。系统面临的威胁不可能脱离资产而存在,因为资产本质上就是威胁攻击的目标。

攻击者能通过接入点获得访问系统资产的方法。开放的套接字、远程过程调用(remote procedure call,RPC)接口、配置文件、硬件端口以及文件系统的读写端都是一种类型的接入点。与接入点相关,确定系统的信任边界也非常重要,因为信任边界两边有着不同的信任级别。例如,网络可以形成一个信任边界,所有人都能访问互联网,但并非所有人都具有访问一个企业系统的权限。信任边界与信任级别相关联,信任级别指明了访问系统的一部分所需要的信任度。举例来说,管理员用户相对于普通用户被信任的程度更高,因而管理员用户能进行的操作比普通用户多。

3. 识别威胁

威胁可能来自系统的内部或外部,既可能来自授权的用户,也可能来自未被授权但通过假冒合法用户或使用某种方法绕过安全机制的外部人员。识别威胁这一步骤的目的是利用到目前为止收集的信息识别系统的威胁。威胁是攻击者的目标,或攻击者试图对系统进行的行为,系统特定的威胁需要经过对系统特征的深层次分析才能得到。

枚举威胁最好的方法是深入分析系统的每一项资产,审查针对资产的一系列攻击目标,因为资产和威胁是紧密相关的,威胁不可能脱离目标资产而存在,威胁的缓解往往是通过对资产的某种形式的保护而达到的。在威胁建模过程中,系统模型显示了所有与安全性相关的关键实体,例如资产、接入点、通信信道等。威胁的识别可以通过逐个分析这些关键实体并建立违背这些实体保密性、完整性、可用性等属性的威胁假设的方式进行。

威胁识别可以得到描述一个系统所有潜在的攻击的威胁信息,其中每一个威胁都需要被缓解或接受。

下面给出一个具体的威胁识别过程。

(1) 识别资产:识别对组织机构具有价值的潜在资产,包括入口和出口点、系统资产和资源、信任级别(访问类别)。

(2) 描述架构:在这个过程中,描述处理价值资产的架构,可能包括软件架构、版本和其他架构详情。

(3) 分解应用程序:分解与过程有关的应用程序,以及所有运行应用程序的子过程。

(4) 识别威胁:以描述的方式罗列威胁,以便审核,并作进一步处理。

4.1.4 威胁建模的作用

组织通过有效的威胁建模,可实现以下不同目标:

① 检测传统测试方法可能忽略的设计缺陷;

② 在开发周期的早期就发现问题,甚至在编写单行代码之前就发现问题;

③ 完成目标测试和代码审查,以节省预算;

④ 评估更复杂的攻击形式；
⑤ 寻找针对应用程序特有的安全问题的除标准攻击以外的威胁；
⑥ 突出显示威胁代理、资产和控件，以推断出网络攻击者可能针对的领域。

4.1.5　工业控制系统威胁模型的主要应用对象

工业控制系统威胁模型的直接受益对象主要有四类，分别为威胁情报分析师、威胁狩猎者和 IR 小组、红队和 CISO。威胁情报分析师利用威胁模型进行报告和分析。威胁狩猎者和 IR 小组利用枚举的威胁行为库作为工业控制系统搜索和工业控制系统应急响应工作的一部分，以提高工作效率。红队可模拟已知组织的威胁行为，以支持蓝队网络防御的开发、测试和验证。这些活动增加了防御者的信心，也可能发现需要额外关注的缺陷。CISO 或者 SOC 负责人利用红蓝对抗的结果来制定防御策略并确定网络安全计划的优先级，同时也有利于与管理层进行积极有效的沟通。

4.1.6　遇到的挑战

普及威胁建模流程和技术可以有效提升企业的网络安全建设水平，作为互联网企业，要实施敏捷的软件开发流程，威胁建模活动也应尽量便捷，但实际工作并不简单，落地过程中也会遇到不少挑战。按优先级排序，挑战包括以下几个方面：
① 缺乏优秀的自动化建模工具；
② 安全团队没有时间和精力对每个应用都实施建模；
③ 对威胁建模缺乏了解，知识库涉及不同领域、专家经验难以共享；
④ 建模活动、输出结果没有融入业务的敏捷研发流程；
⑤ 简易的建模活动基于问卷或者表格记录分析，并没有实际的更新、积累和进一步分析。

4.1.7　威胁处理

对于如何处理评估出来的每个风险，可以参考 ISO 27001 和 ISO 31000 的系列指导。威胁处理有以下四个应对措施。

1）缓解

缓解是指采取措施以减少威胁发生的可能性或至少降低攻击成功的可能性和影响的措施。比如发现密码破解的威胁，采用二次认证、风控验证码的技术。大部分的日常安全工作都是缓解威胁，比如部署 WAF（Web 应用防火墙）、制定安全规章制度、监控和响应。

2) 解决

解决是指采取具体行动来消除已识别的安全威胁。这通常涉及对威胁根源进行分析,并采取相应的措施以确保威胁不再发生。比如防SQL注入组件、使用加密套件解决硬编码问题。

3) 转移

转移是将威胁交由其他系统去承担,比如用户协议和隐私条款、免责声明、变更管理的二次认证、外包、购买网络安全保险。

4) 接受

接受是一种基于对风险的认识和接受,而不采取额外行动来改变风险的可能性或影响的策略。

4.2 威胁模型的种类及原理

4.2.1 STRIDE 模型

STRIDE 模型是由微软提出的一种威胁模型,该方法将威胁类型分为 spoofing(仿冒)、tampering(篡改)、repudiation(抵赖)、information disclosure(信息泄露)、denial of service(拒绝服务)和 elevation of privilege(提升权限),如表4-1所示。这六种威胁的首字母缩写即 STRIDE,STRIDE 威胁模型几乎可以涵盖目前绝大部分安全问题。此外,STRIDE 建模方法有着详细的流程和方法。STRIDE 模型的具体含义如表4-2所示。

表4-1 威胁分类

含义	描述	相关安全特性
伪冒(spoofing)	假冒某人或某物	身份验证(authentication)
篡改(tampering)	恶意修改资料	完整性(integrity)
抵赖(repudiation)	使用者可否认曾经进行某行为,没有方法可证明其行为	不可否认性(non-reputation)
信息泄露(information disclosure)	信息被泄露给不被预期可存取的个体	机密性(confidentiality)
拒绝服务(denial of service)	对使用者拒绝服务或降低服务水准	可用性(availability)

续表

含义	描述	相关安全特性
提升权限（elevation of privilege）	未正常投权得权限能力	授权（authorization）

表 4-2 STRIDE 模型详解

威胁	解释说明
仿冒	通过伪造的身份来访问系统，非法存取和使用其他被授权用户的验证信息，比如用户名和密码信息
篡改	恶意地修改正常数据，或在未经授权的情况下改变永久数据（如数据库中存储的数据），或修改在开放网络上的多台计算机之间传输的数据，使数据的完整性受到威胁
抵赖	用户拒绝承认参与了某事务处理操作，即无法追踪用户的行为
信息泄露	私有数据被泄露给无知情权的个人，即没有读取权的人读取到了数据，或不怀好意的人读取到了正在传输中的数据
拒绝服务	拒绝服务即 DoS 攻击，指的是攻击者使用一些方法使合法的用户无法使用本来能够使用的服务，比如在一定时间内让 Web 服务器暂时不能被使用，导致系统的可用性受到威胁
提升权限	攻击者利用一些漏洞攻破系统防线，从而成为系统中被信任的一员，进而提升自己的权限，导致本没有使用权限的人可以获得存取权限，足够的存取权限甚至可以摧毁整个系统

为了遵循 STRIDE 模型，需要将系统分解为相关的组件，并分析每个组件是否易受到威胁攻击，从而找到减轻威胁所带来的影响的方法。但问题是，假设已经完成了对系统的分解，同时也抑制了所有威胁对每个组件的影响，就表示系统是安全的吗？实则不然，即使这些组件自身可避免受到某一类威胁的攻击，当它们组合在一起形成系统时，组件间的交互作用未必不会受到这一类威胁的攻击。实际上，针对系统的威胁往往是在将多个系统结合起来形成更庞大的系统时才真正体现出其破坏作用。为了解决这类问题，在使用 STRIDE 模型分析系统的安全威胁时，以数据流关系图（DFD）来表示系统，逐个分析每个数据流关系图的元素容易受到的威胁攻击。

STRIDE 建模的一般流程（见图 4-2）如下：

(1) 绘制数据流关系图;
(2) 识别威胁;
(3) 提出缓解措施;
(4) 安全验证。

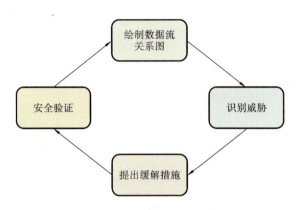

图 4-2 STRIDE 威胁建模的一般流程

数据流关系图使用一组标准符号,包括四个元素,分别是数据流、数据存储、进程以及交互方。考虑到目的是进行威胁建模,故我们添加了信任边界这一新的元素。这些元素的含义如表 4-3 所示。

表 4-3 数据流关系图的元素及对应含义

元素	含义
数据流	通过网络连接、RPC 通道、邮件槽、命名管道等移动的数据
数据存储	类似于注册表项、文件、数据库等的实体
进程	计算机运行的程序
交互方	系统的端点,可以是人、Web 服务或服务器,一般情况下作为数据的提供方存在,也可以是位于系统的外部但与系统相关的用户
信任边界	可信元素与不可信元素间的边界

正确的数据流关系图是确保威胁模型正确的关键,所以在对系统进行威胁建模前,首先需要绘制出正确的数据流关系图,确保其能显示系统的所有项。而 DFD 每个元素分别具有一组自己易受攻击的威胁,这为威胁分析过程提供了很好的参考价值。数据流和数据存储容易受到篡改、信息泄露、拒绝服务这三类攻击的威胁;进程这一元素容易受到 STRIDE 六类攻击的威胁;交互方容

易受到仿冒、抵赖这两类攻击的威胁；信任边界这一元素，也具有影响自身的独特威胁。除此之外还需关注的是，有的威胁一旦被利用，同时可能引发其他的威胁。

根据不同的 DFD 元素及威胁，相应的缓解措施也不相同。如对于外部实体用户的仿冒威胁，其缓解措施简单来说就是对用户身份进行认证。在提出缓解措施时，有时不仅要考虑安全问题，同时也要考虑软件的易用性，所以不同的威胁，不同的应用场景，其缓解措施也有所不同，实现提高应用安全的同时也能给用户带来较好的交互体验。

微软对于常见的威胁给出了其常用的标准缓解措施，并在具体实施时已将常用的缓解方案及措施集成为独立的解决方案或者代码模块，可以方便同类应用直接使用。常用的标准缓解措施如表 4-4 所示。

表 4-4 常用的标准缓解措施

威胁类型	缓解措施	技术方案
仿冒(S)	认证	Kerberos 认证、PKI 系统(如 SSL/TLS 证书)、数字签名
篡改(T)	完整性保护	访问控制、完整性校验
抵赖(R)	日志审计	强制认证、安全日志、审计
信息泄露(I)	保密性	加密、访问控制列表
拒绝服务(D)	可用性	访问控制列表、过滤、热备份
提升权限(E)	授权认证	输入校验、用户组管理、访问控制列表

4.2.2 ASTRIDE 模型

随着全球对隐私保护重视程度的提升，隐私安全也成了产品的一个重要威胁，因此，微软在 STRIDE 模型的基础上，加入匿名(anonymity)这一类型，提出了 ASTRIDE 建模方法，该建模方法延续 STRIDE 方法的概念和逻辑，更符合面向消费者的网络安全行业的发展，模型详解如表 4-5 所示。

表 4-5 ASTRIDE 模型详解

威胁类型	安全属性	定义	举例
匿名(A)	隐私保护	用户信息防护	用户隐私被查询
仿冒(S)	认证	冒充人或物	冒充其他用户、服务账号
篡改(T)	完整性	修改数据或代码	修改存储的信息
抵赖(R)	审计	不承认做过某行为	日志、审计

续表

威胁类型	安全属性	定义	举例
信息泄露(I)	保密性	信息被泄露或窃取	数据库信息被泄露
拒绝服务(D)	可用性	消耗资源、服务不可用	高危操作导致不可用
提升权限(E)	授权	未经授权获取、提升权限	普通用户提升到管理员用户

4.2.3 DREAD模型

针对由威胁建模确定出的威胁,要继续进行量化分析。量化分析的作用在于将每种攻击途径都再一次进行系统化的分析,用量化后的数据进行分析可以使得威胁更加细致也更具有说服力。

微软开发的DREAD模型是在damage(危害性)、reproducibility(复现性)、exploitability(可利用性)、affected users(受影响用户)、discoverability(可发现性)这5个方面进行威胁程度的评估的。

在工业控制系统中,DREAD模型中:危害性(D)是指威胁对系统造成的危害或是损失;复现性(R)则是指该威胁重复出现的可能性,例如一个威胁会频繁出现则该威胁的复现性较高;可利用性(E)是指使用这个威胁造成危害的难易程度,如果该威胁使用很简单的操作就可以造成危害,则其可利用性风险系数较高,而如果要利用该威胁需要一定的技术或是计算机知识则其可利用性会降低;受影响用户(A)是指威胁影响的人群;可发现性(D)是指威胁隐藏在系统中的位置,如果该威胁暴露在外,很容易被人发现利用,则该威胁的可发现性是很高,就需要被优先解决,相反如果该威胁隐藏在系统内部,很难被发现找到,则可发现性较低。

DREAD模型是对威胁进行量化分析的模型。对DREAD模型中各个威胁风险进行赋值,再计算出威胁程度,依据量化后的威胁程度的高低对威胁进行排序比较,并选择威胁程度较高的优先解决。

DREAD模型被认为是STRIDE模型的一个附加组件,该模型使建模人员可以在确定威胁后对其进行排序。各评估项目对于威胁所造成的损害的界定标准如表4-6所示。

DREAD分类评估体系为分析单个威胁对系统危害程度提供了判定标准。该评估体系对被测系统威胁树中各具体威胁(即威胁树的各叶子节点)进行评估,得出各具体威胁的威胁权值。由于各威胁节点与其父威胁节点存在从属关系,故其父节点的威胁权值主要由其下辖子节点决定。

表 4-6　DREAD 分类评估体系

评估项目	等级		
	高(3)	中(2)	低(1)
危害性(D)	获取完全验证权限,执行管理员操作,非法上传文件	泄露敏感信息	泄露其他信息
复现性(R)	攻击者可以随意再次攻击	攻击者可以重复攻击,但有时间限制	攻击者很难重复攻击过程
可利用性(E)	初学者短期能掌握攻击方法	熟练的攻击者才能完成这次攻击	漏洞利用条件非常苛刻
受影响用户(A)	所有用户,默认配置,关键用户	部分用户,非默认配置	极少数用户,匿名用户
可发现性(D)	漏洞很明显,攻击条件很容易获得	在私有区域,部分人能看到,需要深入挖掘漏洞	发现漏洞极其困难

4.2.4　攻击树模型

攻击树模型是 Schneider 在 1999 年提出的一种描述系统可能受到的多种攻击的方法。它采用树形结构来表示针对系统的各种攻击行为。在一棵攻击树中,树的根节点表示攻击者的最终攻击目标,叶节点表示具体的攻击事件,即攻击者可能采取的各种攻击手段。其他为中间节点。攻击树的各个分支表示为达到最终攻击目标可能采取的各种攻击序列。除了叶节点以外,攻击树的各节点分为与(AND)节点、或(OR)节点两类。AND 节点表示必须全部完成此节点下的各分支才能到达该节点;OR 节点表示只要完成此节点下的一个分支即可到达该节点。任何一条从叶节点到根节点的路径表示实现这个攻击目标而进行的一次完整的攻击过程。遍历整个攻击树可以生成实现以根节点为攻击目标的所有网络攻击路径。攻击树可采用图形和文本两种方法来表示,如图 4-3 所示。攻击树能在一张图内显示所有的攻击路径。

Schneider 在其阐述攻击树的文章中指出,攻击树的建立需要集思广益,需要各方面的技术人员参与。攻击树的构建不能一蹴而就,需要反复推想。在构建具体的工业控制系统攻击树时,首先由相关专业技术人员对系统进行细致的分析,将攻击者的最终攻击目标作为根节点,将攻击者可能采取的具体攻击行为表示为攻击树的叶节点,其他为中间节点,这样就能得到一棵或者多棵确定

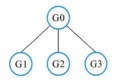 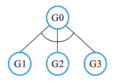

(a) OR节点图形描述　　(b) OR节点文本描述　　(c) AND节点图形描述　　(d) AND节点文本描述

图 4-3　攻击树 OR、AND 节点的表示方法

的攻击树。细致地对整个系统的信息安全事件进行实例化,就能得到由多棵攻击树组成的攻击森林,森林中每一棵攻击树的根节点表示针对系统信息安全的一个攻击目标,叶节点表示能引起攻击目标安全事件发生的各类攻击事件,每条从叶节点到根节点穿过整棵攻击树的路径表示对系统的一次具体攻击过程,即一个攻击序列。

4.2.5　攻击图模型

攻击图与攻击树类似,都是将安全威胁可视化,并用逻辑分析工具进行推理的模型。攻击图将网络组件的关系(如拓扑结构、逻辑连接、控制关联等)考虑在内,相较攻击树而言,攻击图可以发现系统中的未知漏洞。攻击图利用树形结构表示攻击场景,是贝叶斯网络和马尔科夫模型的基础。攻击图可以表示成 $G=(S,r,S_0,S_S)$,其中 S 表示状态集合,$r \subseteq S \times S$ 表示状态转移关系,$S_0 \subseteq S$ 表示初始状态集合,$S_S \subseteq S$ 表示成功状态集合。初始状态表示攻击开始之前的状态,转移关系表示攻击者可能的动作。若攻击者从初始状态到达任何一个成功状态,则说明攻击是成功的,成功状态表示攻击者达到的目标。攻击图既可系统自动构建,也可通过手工方式构建。

最早提出攻击图的 Cunningham 等将图节点定义为网络组件及其攻击收益,边是组件的关联关系,其权重定义为攻击代价,攻击者想让收益最大且代价最小,防御者则相反,便可以通过图遍历及博弈论来求解攻防双方的最优化问题。Liu 和 Zhang 等人认为威胁建模时要考虑将不同控制步骤的安全定义进行量化,提出在攻击图基础上引入多标准决策(multiple criteria decision-making,MCDM),并对电力控制系统的通信网络进行安全建模。Kundur 和 Feng 等人则考虑了时间连续的动态系统安全建模,采用公式而非常量来表示组件功能及其交互关系,构建了智能电网中的电力设备和 IT 组件的攻击图模型。凌从礼根据控制网络四要素(控制组件、组件脆弱性、网络连接和控制权限)、脆弱性利用规则和攻击者模型,给出了基于攻击目标函数的攻击图生成算法。王骥腾则研究基于攻击图的工业控制系统脆弱性分析技术,设计了包含顶点优化算法、工业控制系统安全分析规则库和攻击图的攻击图分析技术架构。

4.3 工业控制系统的防护方法

面对日益复杂的工业控制系统安全防护需求,如何增强其内外部的安全成为全世界关注的焦点。入侵检测是工业控制系统安全体系中的重要组成部分,能够识别外部的入侵与入侵工具,监控网络中实时通信数据,检测通过利用系统漏洞产生的异常操作,完善整体工业控制系统安全防护。目前,入侵检测在 IT 系统中也有很多应用,但用于 IT 系统的入侵检测不能直接套用在工业控制系统中,针对工业控制系统的入侵检测要符合工业控制系统的特性。

工业控制系统漏洞是工业控制系统攻防双方关注的焦点。掌握工业控制系统漏洞挖掘与分析技术,是做好工业控制安全防护的前提。漏洞挖掘是对协议标准、源代码、二进制代码、中间语言代码中的漏洞,特别是未知漏洞进行主动发现的过程。工业控制系统漏洞挖掘技术针对工业控制系统中的软件、协议、设备等目标对象,综合利用静态挖掘方法(流分析方法、符号执行方法、模型检测分析方法、指针分析方法等)和动态挖掘方法(模糊测试方法、动态污染传播方法等)实施漏洞挖掘。工业控制系统漏洞分析技术主要采用私有协议逆向分析、固件逆向、软件反编译分析、软件动态调试、状态监控等技术对目标对象实施漏洞分析与验证。

4.3.1 工业控制系统深度包检测安全防护模型

基于指纹识别和漏洞库的工业控制设备漏洞扫描技术主要用于检测已知的安全漏洞,采用被动方式进行流量扫描,与指纹识别结果和漏洞库进行特征匹配,发现工业控制设备漏洞。在工业应用环境中,进行漏洞扫描时建议采用被动的、非破坏性的方法对工业控制系统、工业控制设备、工业控制网络进行检查测试,及时发现漏洞和威胁,避免影响正常的生产业务。在工业控制系统中,生产业务的稳定性、可靠性、连续性至关重要,尤其是对一些核心的生产系统、控制设备。因此,在对其进行漏洞扫描时也需要做到"无害"和"无损"。将扫描融入正常的业务这一思路,指的是扫描行为与正常的业务行为是一致的,这样就能避免非正常的操作对系统造成影响。通过这种成熟的技术,实现对工业控制系统的无损漏洞扫描。

威胁情报依托于云端的海量工业数据,由数据收集、数据清洗、数据关联、数据验证、情报分发等过程生成。威胁情报通过统一的规范化格式将攻击中出现的多种攻击特征进行标准化。基于威胁情报的工业威胁检测技术能够对工业互联网中出现的攻击的特点进行识别,对攻击的背景信息进行关联和可视化展现。该技术不仅可以更早地发现威胁并进行响应处理,还可以实现从点到面的协同防护,极大地压缩攻击者进行攻击的时间并提升其攻击成本。该技术可对受害目标及攻击源头进行精准定位,最终实现对入侵途径及攻击者背景的研判与溯源,帮助企业从源头上解决安全问题。

针对工业控制协议的深度包检测(deep packet inspection,DPI)安全防范系统和解决方案提出的基于确定的有限状态自动机(deterministic finite automation,DFA)动态规则管理算法可以用来提高效率。DPI是对数据包的内容进行检测,用于发现其是否和协议不符,是否为病毒、垃圾或是入侵的数据包。DPI技术将传统的防火墙包过滤从TCP/IP层扩展到应用层,能够根据特征数据库对数据包进行鉴别与分类,而不是仅根据数据包包头进行分类。因此DPI技术能够用于阻止互联网中各式的攻击,包括缓存溢出、拒绝服务等。基于DPI技术的工业控制系统安全防护模型用于对工业控制协议和数据包格式语法进行检测。这种DPI安全模型采用高效规则管理算法,既可以发现格式错误的非法数据包,也可以发现不符合状态机时态逻辑关系的数据包,从而避免利用格式合法的数据包对工业控制系统进行攻击。基于DPI技术的工业控制系统安全防护模型如图4-4所示。由于利用DPI技术对协议应用层进行分析需要防火墙技术配合,所以将防火墙部署在外网的边界,用以保护内部的设备和网络。防火墙对外部输入的数据包进行TCP/IP包头的检测之后,将数据包转发到DPI安全模型进行应用层协议的分析,在物理形态上,网络层防火墙也可以和工业控制DPI安全模型部署在一起,作为不同组件发挥作用。

DPI安全模型主要包括以下模块。

(1)协议规则处理模块。

协议规则处理模块主要功能是检测、编辑和存储。它由三个部分组成:协议规则检测器,用来检测协议规则的一致性;协议规则编辑器,用来将协议所对应的规则提取出来,分析并建立这个协议对应的DFA;协议规则容器,用来存储

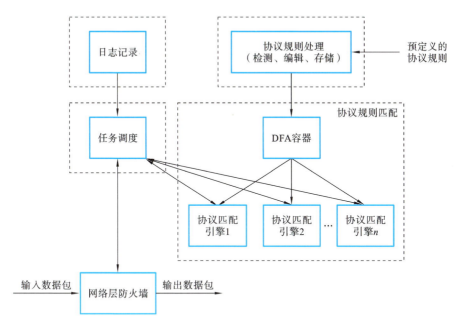

图 4-4 工业 DPI 安全防护模型框架图

协议的所有规则。

(2) 协议规则匹配模块。

协议规则匹配模块主要功能是存储协议 DFA 和协议匹配检测。它由两个部分组成:DFA 容器,用来存储所有被工业控制系统支持的协议所对应的 DFA;协议匹配引擎,它利用协议对应的 DFA 对这个协议的数据包进行过滤,这种过滤既包括对数据包语法格式的检查过滤,也包括对协议的时序逻辑的检查过滤。每个协议对应一个协议匹配引擎。

(3) 任务调度模块。

任务调度模块主要功能是根据数据包的 TCP 端口号,将不同协议的数据包分流;其所对应的协议匹配引擎,可对数据包进行规则匹配和检测。

(4) 日志记录模块。

日志记录模块主要功能是对所有进入 DPI 安全防护模型的数据包进行日志记录,它可以通过连接一个外设的日志服务器来完成日志的存储。

4.3.2 软件定义网络工业控制系统边云协同信息安全防护方法

软件定义网络(software defined network,SDN)是一种新型网络架构,其特点是控制与转发分离并支持通过编程的方式对网络进行控制。SDN 与工控制系统的结合为解决工业控制系统信息安全问题提供了新的思路,同时也使得 DDoS 攻击成为工业控制系统网络的主要安全威胁。过载攻击作为一种转换的 DDoS 攻击,利用 SDN 控制器及交换机中负载受限这一漏洞,对整个 SDN 网络造成威胁。与此同时,由于 SDN 业务需求量的不断增长和网络应用的多样性,SDN 规模正在由初期的单一控制器网络逐步向多控制器网络转变。面对日益复杂的网络规模,在边缘端资源受限的情况下,对威胁的有效防御变得更难。针对上述问题,利用云端资源优势,基于 SDN,结合端址跳变和负载均衡算法提出一种工业控制系统边云协同信息安全防护方法,有效防御 DDoS 攻击。

基于 SDN 的工业控制系统边云协同信息安全防护框架如图 4-5 所示,该框架利用 SDN 结合边云协同思想对受到 DDoS 攻击的工业控制系统通信网络进行实时安全协同防护,分为两层:边缘层和云层。边缘层由现场层、转发层、控制层以及应用层组成,云层由应用层组成。

边缘层的现场层是由传感器、控制器、执行器、操作员站组成的工业控制系统。转发层由 SDN 交换机组成,主要用于数据的通信。控制层由本地 SDN 控制器组成,包含由多个本地 SDN 控制器构成的控制器集群,是 SDN 网络的核心,用于收集网络信息,生成流表,控制网络中数据的转发。应用层包括 DDoS 攻击检测模块和 DDoS 攻击响应模块,其中 DDoS 攻击检测模块包括基于流表特征的 DDoS 攻击检测模块、SDN 交换机流表过载攻击检测模块以及本地 SDN 控制器过载攻击检测模块;DDoS 攻击响应模块包括基于端址跳变的移动目标防御模块、流表过载攻击防护模块以及本地 SDN 控制器过载攻击防护模块。本地 SDN 控制器收集其网络域内交换机中的流表信息并由应用层进行 DDoS 攻击检测,将 SDN 网络全局流表信息上传至云端进行全局检测并生成安全策略,同时 DDoS 攻击响应模块执行端址跳变进行动态安全防护。执行端址跳变后网络中仍然可能存在大量攻击流量,流表过载攻击防护模块能够使交换机中流表不过载,保证网络的正常通信。在保证交换机不过载基础上执行本地 SDN 控制器过载攻击检测与防护模块,进一步提高整个 SDN 网络的通信质量。

云层应用层包括基于流表特征的 DDoS 攻击检测模块以及针对 DDoS 攻击流量的决策模块。前者能够收集边缘层 SDN 控制器集群的全局流表信息,从而更加准确地检测 DDoS 攻击;后者能够根据检测结果生成安全策略来指导网络流量的执行动作,动作包括转发正常流量和丢弃攻击流量。将生成的安全策略下发至对应的本地 SDN 控制器,最终由本地 SDN 控制器对交换机中的流表进行更新。同时,为了充分利用云端资源优势,基于流表特征的 DDoS 攻击检

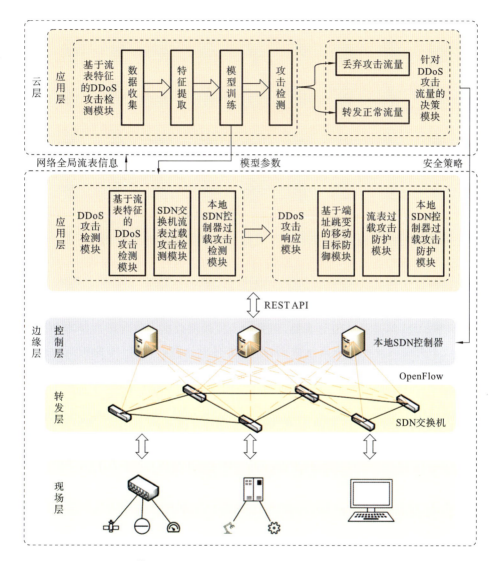

图 4-5 基于 SDN 的工业控制系统边云协同信息安全防护框架

测模型也放在云层进行训练,然后将训练好的模型参数下发至边缘层,更新其应用层中的检测模型,使其具有检测新型 DDoS 攻击的能力。

4.3.3 改进孪生支持向量机入侵检测方法

1995 年,Vapnik 等提出支持向量机(support vector machine,SVM)模型,该模型基于统计学习理论,在解决小样本、非线性及高维识别问题方面有许多独到的优势,被广泛应用于各类机器学习系统中。

SVM 是为解决二分类问题而提出的,即采用一个超平面分开两类样本。不同的超平面分类性能差异极大,SVM 的目标就是寻找出分类泛化性能最优的超平面,通常采用最大分类间隔的思想寻找最优超平面,即要求分类面在将两类样本正确分开的同时保证分类间隔最大。

2007 年,Jayadeva 等人改进了支持向量机,得到了孪生支持向量机(twin support vector machine,TWSVM)。TWSVM 借鉴了 SVM 构建超平面的思想,但是与 SVM 采用一个超平面不同的是,TWSVM 的思想为正负类型分别构造一个超平面,正类样本尽可能地接近正类超平面,并在一定程度上远离负类超平面。从一个二次规划求最优解的问题变成求解两个二次规划的问题,该方法可以极大程度地缩短模型训练时间,提高模型训练和检测能力。此外,TWSVM 的容错能力强,训练速度快,在分类的实时性问题上表现更加优秀。因此这种算法的实际应用能力和价值更强,更加适用于工业控制系统入侵检测。

TWSVM 本身是二值分类器,研究的入侵检测数据为包含正常样本和 7 种不同攻击类型的 8 种网络流量数据,对算法有多分类的需求,需要构造合适的多类分类器。基于 TWSVM 的构造多类分类器的方法主要有:基于一对多(one versus all,OVA)策略的多分类 TWSVM;基于一对一(one versus one,OVO)策略的多分类 TWSVM;基于有向无环图的多分类 TWSVM;基于二叉树的多分类 TWSVM;多生支持向量机。

4.3.4 基于流量模型的入侵检测方法

基于流量模型的入侵检测方法是将概率主成分分析(probabilistic principal component analysis,PPCA)算法和长短期记忆(long short term memory,LSTM)网络模型结合起来用于工业控制系统的入侵检测的方法。PPCA 模型负责去噪、降维等数据预处理操作,实现大时间尺度下采集到的工业控制网络流量数据有效信息的提取,得到流量数据矩阵的主成分,从而用符合要求的流量主成分建立正常流量空间,构建正常历史网络流量集;然后利用 LSTM 网络模型学习正常历史通信行为的流量特征,获得流量异常检测器。其模型架构如图 4-6 所示。

早期的工业控制系统入侵检测主要从传统的 IT 信息系统入侵检测技术借鉴理论与技术经验,但经过第 3 章对工业控制系统安全需求和脆弱性的分析,我们可以发现,传统 IT 系统的入侵检测技术并不完全适用于工业控制系统的

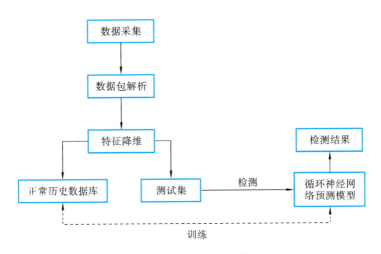

图 4-6 流量模型架构

入侵检测。随着工业控制系统研究成果的增加和深度学习技术的发展,目前研究学者开始从机器学习方面入手,针对现有模型从时间序列出发预测大规模网络流量。从网络通信的服务质量 QoS(quality of service)出发,将卷积神经网络(convolutional neural network,CNN)和循环神经网络(recurrent neural network,RNN)中的门控循环单元(gated recurrent unit,GRU)进行组合,实现对单业务流量和交互式流量的同时预测。他们提出的 ITRCN 模型结合了 GRU 和 CNN 的优点,首先将交互式网络流量利用 CNN 转化为图像,然后通过 GRU 对其中的时间特征进行提取,实验结果表明,ITRCN 的精确率远胜过单独使用 GRU 或 CNN。该模型解决了高维度、自相似性和非线性等属性的复杂特征影响建模的问题,适合用于真实工业控制系统中。Zhang 和 Lv 等人(2019)在 CNN 的基础上进行了改进,不仅将原始数据转换为矩阵提取特征信息,还以简化网络结构和降低计算成本为目的,将分析和提取的聚簇流量之间数据的关系作为分类基础,使 F1 分数值高达 0.99,说明该入侵检测分类模型误报率低且稳健性高。

在对工业控制网络流量进行特征选择时,研究人员多使用主成分分析(principal component analysis,PCA)方法进行有效信息提取,George 在 2012 年提出 PCA-SVM 入侵检测模型,PCA 算法的使用使数据量急剧下降,提高了模型的训练速度。但是,侯重远等学者同年指出,PCA 方法并不完全适用于工业控制系统的网络流量特征选取,利用 PCA 方法提取的特征在后续预测模型中的应用效果较差,出现漏报率和误报率高等问题。侯重远等人分析,工业控制网络流量虽然具有传统 IT 信息系统的大时间尺度下流量的特点,但对工业控制系统的入侵攻击速度快、时间短,引发的流量变化与系统本身随机突发性流量的变化十分相似。

目前,数据完整性攻击,包括虚假数据注入攻击、拒绝服务攻击、中间人攻击和重放攻击,是工业控制系统面临的主要攻击类型。现有的数据完整性保护方案则可以分为基于模型的方案、基于数据的方案和基于密码学的方案等三类。其中基于模型的方案需要对工业控制系统建立精确的数学模型;基于数据的方案一般需要大量精确而有效的系统采样数据,易受系统和环境噪声的影响;而基于密码学的方案则要求设备具有足够多的计算资源以执行复杂的密码学运算。而工业控制系统不仅难以进行精确建模,受噪声影响大,而且计算资源有限。因此现有方案在应用时均存在局限性。

4.3.5　基于区块链的工业控制系统数据完整性

区块链技术是一种全新的去中心化基础架构和分布式计算范式,具有不可篡改的特性,可实现数据完整性保护。文献[62]将区块链与车辆、电网(V2G)相结合,提出了一种能源交易认证方案,通过哈希函数与非对称密钥对交易实体进行多方认证。文献[63]提出了一种私有的区块链架构来管理工业物联网数据,将数据通过非对称密钥进行加密并存储在区块链上以保证数据的完整性。然而,上述方案需要大量计算资源,难以在工业控制系统中部署。文献[64]结合区块链与无证书密码学技术提出了一种物联网数据分布式存储方案,利用区块链矿工存储与审计物联网数据,消除了传统的中心服务器,避免了单点故障问题。文献[65]提出了一种名为 ICS-BlockOpS 的新型区块链架构以确保智能工厂中历史数据的安全性,并通过完整性检查机制和数据冗余提高了历史数据的安全性与鲁棒性。然而上述方案没有考虑数据传输过程中的安全性,无法保证数据在存储到区块链分类账之前的真实性。文献[66]提出了一种基于区块链的移动边缘计算物联网数据存储与共享方案,通过边缘节点管理区块链网络,采用链上链下双重存储模式,将数据存储地址与其数字签名存储在区块链中,数据以分布式的方式存储在链下数据库,提高了数据的安全性与容错性。结合基于属性的数字签名算法,文献[67]提出了一种雾环境下的基于区块链的物联网数据安全分享方案,通过将区块链操作卸载到雾节点上,提高了方案的可用性与可拓展性,增强了数据在传输过程中的可信性。上述方案虽然考虑了物联网设备资源的受限性并做了相应的改进,然而方案所需的通信量较大，在达成共识时存在较大的延迟，难以满足工业生产的实时性要求。

目前区块链在工业控制系统安全方面的研究主要集中于控制台到服务器的网络级，很少涉及从控制台到现场单元的现场级。相比较而言，从控制台到现场单元的部分具有以下特点。首先是计算资源更为受限。工业控制系统中的设备普遍存在计算资源受限问题。而在现场级，参与运行的主要是传感器、智能仪表、PLC和少量工业控制计算机，它们拥有的计算资源无法支持复杂计算。其次是通信能力受限，现场级的通信一般依托现场总线完成，不仅缺乏安全性措施，而且通信速率低、通信延时大。因此现有区块链方案难以满足工业控制系统中的安全性需求与可用性需求。

为此，研究者提出一种用于保护工业控制系统数据完整性的区块链方案。首先，为降低系统的计算与通信开销，提出一种随机验证机制，从网络中随机选择部分节点参与区块链共识过程。该机制利用随机局部节点取代了全体节点参与共识过程，在降低计算与通信开销的同时还给攻击者带来了不确定性。其次，提出一种新型共识模型，按照共识节点的状态采用不同的共识策略。该模型进一步节约了系统通信资源，有效避免了节点之间的无效通信，最大限度降低了共识过程的延迟与通信量。安全分析以及在半实物仿真平台进行的性能仿真验证了方案对于工业控制系统的有效性。

基于区块链的工业控制系统模型如图 4-7 所示，其中现场级主要包括现场仪表与传感器、控制器和控制台三类实体，具体描述如下。

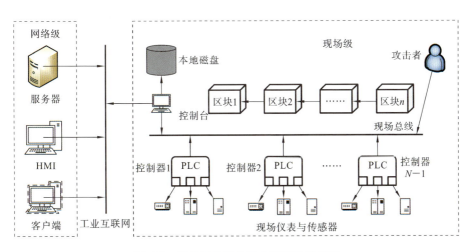

图 4-7 基于区块链的工业控制系统模型

(1) 现场仪表与传感器：由各种控制仪表或传感器组成，用于获取实时工业数据并上传到控制器。

(2) 控制器：如 PLC 等，用于获取现场仪表与传感器的测量数据，并进行数据预处理。

(3) 控制台：一般为工业控制计算机，是模型的中心节点，通过现场总线网络与控制器相连接，并接收控制器预处理测量数据与下达控制命令。

由于传统区块链方案资源要求高，通信量大，不适用于资源有限、实时性要求高的工业生产环境。对此，采用基于授权的方式构建了一个许可的私有区块链网络。根据设备资源的多少，设置资源较少的控制器作为轻节点，资源较多的控制台作为全节点。现场仪表与传感器仅用于采集工业数据，并不实现区块链逻辑。在许可的私有区块链网络中，轻节点负责将所属现场仪表与传感器上传的数据生成区块链交易并在网络中广播，同时验证网络中广播的区块链交易。全节点负责验证网络中广播的区块链交易，并且生成区块链账本。

4.3.6 随机森林两阶段分类器设计

传统的神经网络模型使用 Softmax 层作为模型最后的分类层，通过函数映射求得样本属于某类别的概率。此类方式虽可以较有效地实现分类功能，但是其分类效果往往不够出色。针对此问题，提出一种基于随机森林的两阶段分类方式，将模型测试阶段的 Softmax 层替换为随机森林执行分类操作。随机森林算法是一类有监督的分类算法，其基本思路就是构造出不同结构的决策树，通过这些决策树的投票，以少数服从多数的原则，选出最具代表性的结论作为整个森林的最终输出结果。随机森林在训练基分类器即决策树时，会使用有放回随机抽样的原数据集子集以及随机抽取的特征集子集。此方法可增加模型的随机性，进一步提升模型的泛化能力和鲁棒性。另外基分类器的数量越大，模型的鲁棒性和准确率往往也会越高。当随机森林进行预测时，模型会将测试数据输入随机森林的每个决策树中进行分类或预测，之后存储这些树的预测结果。最后对所有树的输出结果进行投票统计，将高投票率的结论作为随机森林算法最终的分类或预测结果。

融合随机森林与 Softmax 层两种分类器，提出了一种两阶段分类方式，其总体结构如图 4-8 所示。在训练阶段，前置特征提取模型所总结的特征向量一方面通过函数进行误差计算，并通过误差反向传播更新特征提取模型的权重，优化模型参数。另一方面，训练数据会被输入随机森林模型，进行随机森林的构建，为后续对测试集的分类做准备。

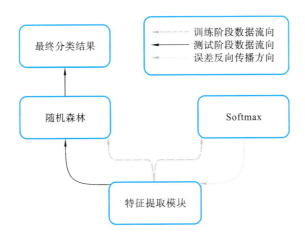

图 4-8 两阶段分类方式总体结构

在测试阶段，测试数据会被输入至在训练阶段已参数调优过的特征提取模块，并由特征提取模块生成特征向量。而这些特征向量，会被输入至在上一步训练好的随机森林模型中，并由其执行最终的分类操作。

此方案通过将随机森林与神经网络中常用的 Softmax 函数相结合，融合了深度学习善于特征提取的优点以及浅层模型善于分类的优点，能够有效改善整体模型最终的检测效果。

4.4 典型行业的重大安全事件

4.4.1 汽车生产线遭遇勒索病毒攻击事件

2018 年 7 月 17 日，某知名汽车零部件生产企业的工业生产网络遭遇 WannaCry 的攻击，酸轧生产线上一台 Windows Server 2008 R2 主机出现蓝屏、重启现象。当日晚上，4 台服务器出现重启现象。现场工程师通过查阅资料，对病毒进行了手动处理。9 月 10 日，除重卷、连退生产线外，其他酸轧、包装、镀锌生产线全部出现蓝屏、重启现象。此时，病毒已对正常生产造成严重影响。9 月 12 日，该企业求助相关工业互联网安全应急响应中心，对事件进行全面处置。

经过对各生产线的实地查看和网络分析可知，当前网络中存在的主要问题如下：

① 网络中的交换机未进行基本安全配置，未划分虚拟局域网（VLAN），各

条生产线互联互通,无明显边界和基本隔离。

② 为了远程维护方便,生产线分别开通了 3 个运营商 ADSL 拨号,控制网络中的主机在无安全措施下访问外网。

③ 控制网中提供网线接入,工程师可随意使用自己的便携机接入网络。

④ U 盘随意插拔,无制度及管控措施。

⑤ 员工安全意识不高。

⑥ 信息系统、控制系统的权限划分不清晰。

攻击目标是精心选择的,该目标承载了企业的核心业务系统,企业一旦"中招",须缴纳赎金或者自行解密,否则业务将面临瘫痪的风险。镀锌生产线处于停产状态,需以"处置不对工业生产造成影响或造成最小影响"为原则进行处理:

① 检查镀锌生产线服务器,进行病毒提取。

② 停止病毒服务。

③ 手动删除病毒。

④ 对于在线终端,第一时间推送病毒库更新和漏洞补丁库,并及时采取封端口、打补丁等措施,避免再次感染。

4.4.2 办公网络遭遇勒索病毒攻击事件

2018 年 12 月 5 日,国内某半导体制造企业遭遇勒索病毒攻击,其核心生产网络和办公业务网络被加密,导致生产停工,被加密的主机被要求支付 0.1 个比特币的赎金。安全人员通过对现场终端进行初步排查,发现终端主机被植入勒索病毒,导致无法进入操作系统。

修复硬盘的主引导记录(MBR)后,使用数据恢复软件恢复部分文件。在部分机器中对日志进行分析,发现存在域控制器管理员登入记录。经过排查,初步判断此次攻击事件为黑客入侵了企业的备用域控制器,获得账号、密码,并在 bat 脚本中批量使用 cmdkey 命令来保存远程主机凭据到当前会话,随后调用 psexec 远程执行命令,向域中机器下发攻击文件进行勒索。

在现场共提取了 update3.exe、update.exe 和 update2.exe 三个样本,其功能分别为:将勒索病毒写入主机 MBR、使用类似微型加密算法(tiny encryption algorithm,TEA)的对称加密算法加密文件、使用 libsodium-file-crypter 开源项目的开源代码加密文件。

目前已有多家工业控制企业遭遇该勒索病毒,且攻击者通过人工渗透的方式释放病毒,不排除攻击者会对其他已经控制的内网系统下手。

解决方法如下：

使用 PE 系统登入服务器，使用磁盘工具搜索磁盘，并使用安全工具恢复 MBR，解决系统无法启动的问题。

对已被攻击的服务器进行下线隔离处理。

对于被攻击的服务器，在网络边界防火墙上关闭 3389 端口或只允许 3389 端口对特定 IP 开放。

开启 Windows 防火墙，尽量关闭 3389、445、139、135 等不用的高危端口。

每台服务器设置唯一口令，且要求口令采用大小写字母、数字或特殊符号至少两种组合的结构，口令位数足够长(15 位)。

安装终端安全防护软件。

4.4.3 炼钢厂遭遇挖矿蠕虫病毒攻击事件

2018 年 10 月 31 日，某工业互联网安全应急响应中心接到某炼钢厂求助电话，称其工业生产网络中各流程工艺主机自 10 月起遭遇蠕虫病毒的攻击，出现不同程度蓝屏、重启现象。早期在其他分工厂曾出现过类似现象，10 月 18 日该炼钢分工厂出现主机蓝屏、重启现象，10 月 30 日晚间蓝屏、重启主机数量增多，达到十几台。相关负责人员意识到病毒在 L1 生产网络有暴发的趋势，因此在该厂紧急配置了趋势杀毒服务器，并在各现场工业主机终端安装网络版本趋势杀毒软件进行杀毒，部分机器配合打补丁进行应急处置。

现场检查结果如下：

安全人员通过情况了解、现场处置，可以确认 L1 生产网络中感染了利用"永恒之蓝"漏洞传播的挖矿蠕虫病毒，OA、MES 网络主机既感染了挖矿蠕虫病毒，又感染了 WannaCry 变种病毒。

由于网络未做好隔离与最小访问控制，关键补丁未安装(或安装未重启生效)，蠕虫病毒通过网络大肆快速传播与感染，导致蓝屏、重启事件的发生。

内网主机感染时间有先后，网络规模庞大，因业务需要，外网主机可远程通过 VPN 访问生产网络中的主机，进而访问现场 PLC。

网络中存在多个双网卡主机，横跨 L1、L2 网络，进而造成整个 L1、L2、L3 网络实质上互联互通。同时，传播感染有一定的时间跨度，被感染的主机也可以攻击网络中的其他目标，无全网全流量监控。

由分析可知，挖矿蠕虫病毒、WannaCry 变种病毒通过某种网络途径，利用系统漏洞传入，由于内部网络无基本安全防护措施且互联互通，从而导致了病毒迅速蔓延扩散。

解决方法如下:

对该炼钢厂 L1 生产网络中的多个工艺流程的操作站主机(包括转炉、异型坯、地面料仓、精炼、倒灌站等操作站主机)进行处置,使病毒传播、蓝屏和重启等现象得到基本控制。

确认其他主机是否存在挖矿蠕虫病毒或 WannaCry 变种病毒。

对主机进行挖矿蠕虫病毒相关补丁的升级。

建立完善的安全防护制度和统一方案,确保生产安全、连续、稳定。

4.4.4 热电厂工业控制系统安全建设事件

电力工业控制系统是国家关键信息基础设施的重要组成部分,其安全性关系到国家战略安全。随着信息化和工业化的深度融合,电力工业控制系统也发生了巨大变化,专用的平台、协议逐渐被开放的平台和协议所取代,孤立的系统开始走向开放、互联互通。这种情况带来的网络安全风险,使得电力工业控制系统受到的安全威胁日趋严峻。

近年来,乌克兰电网两次大规模停电事件,使得各国对工业控制系统安全的重视程度不断提高,电力企业对电力生产监控系统已经从原来单一的功能性需求,开始转变为系统安全性需求。

某市热电厂规划 4 台双抽供热汽轮发电机组,分两期建设,目前一期已经投入运行。近年来该热电厂都按照要求进行了网络安全等级保护测评工作,对网络安全工作较为重视。此次工业控制安全建设是按照要求对发电机组 DCS、脱硫 DCS 和辅网进行整改工作,从而使热电厂达到更高的安全水平,为生产保驾护航。

根据网络安全等级保护测评结果,需要从以下方面进行整改:各主机系统通过"白名单"进行主机防护,进行主机加固;实时发现网络威胁,并进行审计,方便事后追溯,具体如下。

主机防护:通过在关键业务系统主机、服务器中部署基于"白名单"主动防御机制的安全防护软件,防范恶意程序的运行,禁止非法 USB 移动存储介质的接入,从而切断木马、病毒等的传播与破坏路径,为工业主机、服务器创建可管、可控、安全的运行环境,保障业务系统稳定有序运行。

安全监测:在生产网交换机中部署基于镜像流量机制的工业安全监测设备,进行协议审计、流量审计,监控生产网信息。

安全管理:对部署的工业控制安全软/硬件设备进行统一管理、配置和运维,对工业控制全网中每个节点的安全设备进行策略配置下发、网络流量分析,实时掌握工业控制安全设备运行情况,以便在出现问题时及时掌握发生位置和原因。解决方案部署图如图4-9所示。

4.4.5 电科院工业控制系统安全监测实验平台建设

某电科院工业控制安全监测实验平台的整体框架分为三部分,分别为工业控制安全检测综合演示区、工业控制安全工具测试与验证区、模拟场景区。

该平台建设完成后可完成如下几种工作:

一是开展智能终端安全测试与防护技术研究,通过智能终端安全检测环境与实验能力建设,承担区域智能终端设备的入网安全检测,制定智能终端安全接入与测评规范。

二是开展智能电网安全防护产品与防护体系的适应性验证,通过构建用电信息采集系统、输变电状态监测系统、智能变电站及集中监控系统与配电网自动化系统的实验仿真环境,开展分区隔离、安全交换与协议管控技术研究,以及有效性验证工作。

三是通过建立覆盖智能电网输、变、配、用4个环节的一体化测试环境及安全攻防靶场,开展重大电力工业控制安全事件过程重现与事故反演,验证智能电网安全防护体系应对新型工业控制病毒与特种木马攻击的有效性。

根据平台建设需求,本次主要进行工业控制安全检测综合演示区、工业控制安全工具测试与验证区建设。围绕电力业务生命周期,利用工业控制协议分析方法、工业控制设备漏洞挖掘方法对电力业务通信协议和工业控制设备进行安全技术研究。

安全运营:利用安全监测实验平台提供的高可视化的事件溯源分析能力,安全分析人员可以方便、快速地对攻击事件和可疑网络访问行为进行溯源分析,并提供展示功能。

安全监测:在实验网交换机中部署基于镜像流量机制的工业安全监测设备,进行协议审计、流量审计,掌握监控网安全信息。

安全管理:通过安全监测实验平台,可以对实验网中部署的工业控制安全设备和系统进行管理、配置和运维,实时掌握工业控制安全设备运行情况,以便在出现问题时及时掌握发生位置和原因。

边界隔离:通过在平台中部署工业安全网关实现边界隔离,以验证其业务环节中涉及的协议解析、通信行为建模、攻击防护、网络访问控制等能力。

主机防护:工业主机防护软件通过大数据采集和分析,进行智能学习,并自动生成工业主机"白名单"安全基线,有效防范已知、未知病毒的入侵和攻击。

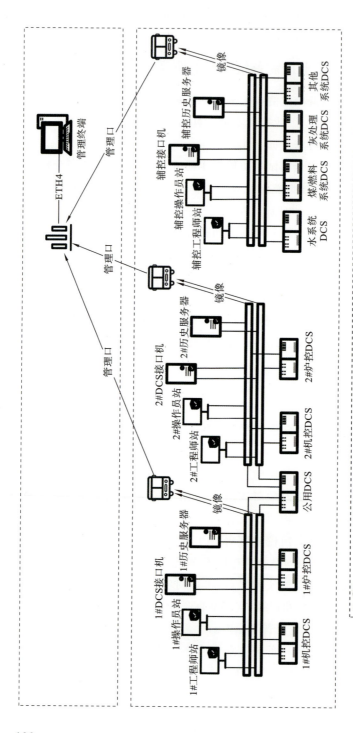

图 4-9 热电厂工业控制系统安全建设方案部署图

平台可验证工业主机、服务器的安全运行环境是否可靠。

安全检查：通过在平台中部署临检工具，可进行短时旁路监测、异常流量分析、安全风险警告，便于进行相关场景的流量截取和分析。以特制 U 盘的形式，插入工业主机，收集各个工业主机的系统信息。最终将这些信息导入工业安全运营中心，对工业主机的安全状况进行评估。

4.4.6 轨道交通行业安全建设

轨道交通是我国国民经济的命脉和交通运输的骨干网络，在促进我国资源输送、加强经济区域交流、缓解城市交通拥堵等方面发挥了巨大作用。随着信息化和轨道交通自动化的深度融合，轨道交通控制网络也向智能化方向迅速发展。如何使轨道交通能够长期安全运营是现阶段轨道交通发展所面临和必须解决的问题。目前，轨道交通的安全措施重点是保障业务系统的可用性和故障的迅速恢复性，而在操作系统漏洞、接口访问控制、恶意代码攻击等方面的安全防护相对较弱。某铁路局高铁建设项目情况如下：

该铁路线路地质条件极为复杂，是具有山区特点的高标准现代化铁路。该线路穿越山区地段线路长，隧道里程高，桥隧比高达 94%，首次采用大坡道，且大坡道持续段长。山区持续大坡道对车的牵引制动、牵引供电、运营安全、运营能力等有着较高的要求。

新建系统需同步考虑工业控制安全建设，以满足国家对关键基础设施的安全建设要求，首先应能够保障业务系统主机、服务器安全，防范恶意代码运行，不影响其可用性安全需求。

防护措施：通过在关键业务系统主机、服务器中部署基于"白名单"主动防御机制的安全防护软件，防范恶意程序的运行，禁止非法 USB 移动存储介质的接入，从而切断木马、病毒等的传播与破坏路径，为工业主机、服务器创建可管、可控、安全的运行环境，保障业务系统稳定有序运行。

4.4.7 石油石化行业安全建设

随着石油石化行业的加速发展，石油企业普遍采用高度自动化的生产技术装备和高度信息化的运营管理手段，极大地提升了生产效率。与此同时，严峻的网络安全风险也不容忽视。石油石化这个关乎国计民生的特殊行业，每一次发生安全事件，都将给广大人民的生活、生产带来巨大影响，使国家经济遭受重大损失，甚至倒退。因此，石油石化行业控制系统的网络安全问题，关系到国家经济命脉、人民生活水平及社会繁荣发展。

某燃气公司工业控制安全建设项目情况如下:随着供气管网的网络化且由于安全监管的需要,天然气的工业控制系统正由原来相对封闭、稳定的环境变得更加开放和多变,面临着网络安全风险。根据天然气行业工业控制系统安全现状和需求,依据国家的政策和标准,部署图4-10所示的解决方案。

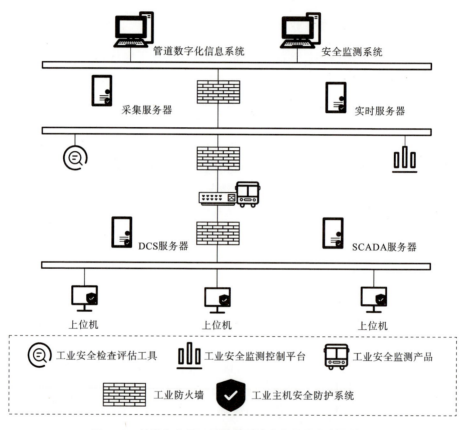

图 4-10　某燃气公司工业控制系统安全建设方案部署图

入侵防护:在生产数据网的边界部署具有入侵防御功能的设备,抵御来自外部网络的威胁。

边界隔离:在网络纵向各层之间进行边界隔离,部署具有工业控制协议深度解析功能的工业防火墙。

主机防护:对服务器、上位机进行安全加固,部署"白名单"工业主机安全防护软件。

安全监测:在生产网交换机中部署基于镜像流量机制的工业安全监测设

备,进行协议审计、流量审计,掌握监控网安全信息。

运维审计:部署安全运维审计系统,实现资产管理、身份管理、访问控制与授权、运维操作审计等。

安全管理:集中管理工业控制安全设备,主要进行规则部署和日志收集,便于维护。

安全检查:配备工业安全检查工具,定期对工业控制网络内的局域网进行检查。

4.4.8　公安领域关键信息基础设施监测预警平台建设

工业控制安全是国家关键信息基础设施安全的重要组成部分,近年来已成为国家监管部门重点关注的问题之一。国家相关部门近年来颁发了系列相关的法律法规和政策文件,要求建立网络安全监测预警和信息通报制度,完善网络安全监测和网络安全重大事件应急处置机制,加快网络安全态势感知与通报预警平台建设,明确要求各中心城市要根据实际情况,创造性开展网络安全监测预警平台建设,将本地重要网络与信息系统纳入监测范围,加强对监测情况的综合分析研判,及时发现网络异常情况和攻击破坏活动,为网络安全防范和应急处置工作提供有力的支持。

为落实相关法律法规要求,响应各相关部门对网络安全态势感知与通报预警平台建设的相关要求,构建了一套城市化的关键信息基础设施监测预警平台,对某城市域网内及重要应用站点存在的漏洞、风险、遭到的攻击等情况进行统一汇总、全面监测、关联分析,实现宏观层面的态势综合分析、威胁智能感知、安全态势预警,形成体系化、内容多样化的网络安全技术监测措施,以提高该市公安对关键信息基础设施安全的监管能力。

解决方法如下:

关键信息基础设施监测预警平台是一套面向公安领域的监测服务平台,实现了网络安全事件和风险的监测、分析、审计、追踪溯源和风险可视化。该平台以资产发现与识别为基础,以持续的漏洞收集为手段,以暴露在网络空间的在线监测分析为核心,以风险预警和日常管理为目标,利用设备指纹识别技术、漏洞深度扫描技术、流量分析技术和大数据分析技术等实现了所监测的暴露在网络空间的关键信息基础设施的风险评估、预警通报、事件处置和追踪溯源等,并对威胁态势进行可视化呈现。

关键信息基础设施监测预警平台包括工业控制扫描服务器、工业控制漏洞收集服务器、工业控制流量探针、工业控制态势展示服务器和态势感知分析平台等，主要由资产探测服务、漏洞收集服务、流量监测服务、数据分析与业务呈现服务、预警通报服务、案件处置服务六大服务能力组成。

4.4.9 工业互联网网络空间监测预警平台建设

工业控制系统安全是实施制造强国和网络强国战略的重要保障。近年来，"中国制造 2025"全面推进，工业数字化、网络化、智能化加速发展，但工业控制网络安全面临的安全漏洞不断增多，安全威胁加速渗透，攻击手段也变得复杂多样。

随着"海洋强国"及"一带一路"建设的实施，某省工业互联网安全形势日益严峻。通过建设工业互联网网络空间监测预警平台，可实现对省工业互联网网络空间监测预警能力的"全局管控"，提升工业互联网网络空间态势感知能力和应急处置能力，整体提升工业互联网安全防护水平。

工业互联网网络空间监测预警平台是一套面向监督管理部门的风险预警和日常管理的业务服务平台，可实现暴露在工业互联网的工业资产的监测预警服务。该平台以资产发现与识别为基础，以周期性的漏洞扫描为手段，以暴露在工业互联网的工业资产的在线监测分析为核心，以风险预警和日常服务为目标，利用工业控制设备、物联网设备和工业应用站点的指纹识别技术、工业控制漏洞深度扫描技术和数据分析技术等实现所监测的暴露在工业互联网的工业资产的风险评估及预警，并对威胁态势进行可视化呈现。

工业互联网网络空间监测预警平台包括工业互联网扫描引擎和业务服务系统两部分内容，主要功能包括资产扫描服务、漏洞扫描服务、数据分析与业务呈现展示服务三大服务能力。

4.4.10 智能制造企业相关事件

制造业是实体经济的主体，是国家安全和人民幸福的物质基础，是国家经济实现创新驱动、转型升级的主战场。国家部署全面推进实施制造强国战略，坚持创新驱动、智能转型、强化基础、绿色发展，加快实现从制造大国转向制造强国。

随着智能制造领域信息化和工业化深度融合，控制网、生产网、管理网、互联网的互联互通成为常态，智能制造生产网络的集成度越来越高，越来越多地采用通用协议、通用硬件和通用软件，工业控制系统网络安全问题日益突出，面临更加复杂的安全威胁。

某汽车公司是国内新能源汽车企业，在整车制造、模具研发、车型开发等方面都达到了国际领先水平。

该企业汽车制造生产线曾遭受病毒入侵,导致生产线上多台上位机出现频繁蓝屏、死机现象,并迅速蔓延至整个生产园区内大部分上位机,生产线被迫停止生产,造成巨大经济损失。基于企业安全生产及长远发展考虑,该企业规划开展全面的工业控制安全建设,逐步建设形成覆盖全部生产线的工业控制安全防护体系。

解决方法如下:

针对该企业生产线病毒入侵事件,技术团队首先利用工业控制安全检查工具准确定位、研判,确定感染病毒为"永恒之蓝",之后通过专业高效的病毒清除和系统恢复服务快速修复工业主机,并部署工业主机安全防护软件,基于"白名单"机制实现对病毒木马的主动抵御,协助用户及时解决问题,恢复生产。经过此次事件,该企业对工业控制系统安全性更加重视,结合实际情况,打造了完整的工业控制安全防护体系。

安全分区:根据网络实际情况进行梳理,将网络纵向分层为办公网、管理网、生产网,再将生产网按照车间进行横向分区。各区域内部再根据不同工艺流程或生产任务进行安全域划分,形成更为细致合理的安全区域。依据划分的安全区、安全域制定区间、域间防护措施,部署安全防护设备,实现区域之间的安全隔离。

立体防御:结合安全分区策略,在各安全区、安全域之间部署适当的安全防护设备,形成从办公网到管理网、管理网到生产网的纵向安全隔离防护,同时形成生产网各车间网络之间的横向安全隔离防护,以及各网络内部安全区域之间的安全隔离防护,在安全区、安全域内各工业主机上部署"白名单"主机防护软件,实现对异常行为、恶意代码的检测和主动防护,配备安全U盘,实现敏感数据的加密保护及数据的安全交互,多种技术手段结合形成从外到内的立体防御。

安全管理:对部署的工业控制安全软/硬件设备进行统一管理、配置和运维,实现对工业控制全网中每个节点的安全设备进行策略配置下发、网络流量分析,实时掌握工业控制安全设备运行情况,以便在出现问题时及时掌握发生位置和原因。

安全运营:针对各安全区、安全域的网络流量、工业设备运行情况、安全设备运行情况、工业控制设备资产分布情况,建立数据采集机制,系统监测各网络区域的工业控制系统的运营日志并进行综合分析,通过海量数据的关联分析,发现工业控制网络中存在的安全风险并及时报警,给出详细的日志统计报表和攻击路径溯源,协助用户全面掌握工业控制系统的安全态势并及时做出应对。

4.4.11　锻造企业工业控制安全建设

某锻造企业是生产汽车零部件和钢质模锻件的专业化企业,产品出口多个国家。2016年以来,该企业进行智能制造转型升级,启动锻压设备数字化车间建设。基于建设及后续安全生产要求,该企业决定全面开展工业控制安全建设。

解决方法如下:

针对工业控制安全建设要求,制定工业控制安全防护方案。从工业生产网络实际情况出发,针对工业控制系统对可靠性、稳定性、实时性的严格要求,数据传输遵从特定工业控制协议等特点,以"白名单"机制为核心打造覆盖生产全链条的纵深防御体系。

网络安全:通过工业安全网关对工业控制协议的深度解析、学习,建立网络通信"白环境",阻止区域间的越权访问,以及病毒、蠕虫的扩散和入侵,保证生产网络安全运行。

主机防护:工业主机防护软件通过大数据采集和分析,智能学习并自动生成工业主机"白名单"安全基线,有效防范已知、未知病毒的入侵和攻击,保障工业主机稳定运行。

安全监测:工业安全监测基于工业控制协议的通信报文,实时监测针对工业控制协议的网络攻击、用户误操作、用户违规操作、非法设备接入,以及蠕虫、病毒等的传播,并实时报警。

安全管理:工业安全管理系统有助于对安全防护软/硬件设备进行集中管控,实时掌握设备运行情况,极大地简化了安全运维流程。

4.4.12　高校安全事件

工业控制安全作为计算机、信息安全、自动化等领域的交叉学科,其人才培养面临巨大挑战。工业控制安全领域急需构建合理的人才培养方案和完备的课程体系,为网络强国战略的实施输送网络安全人才。

某高校工业控制安全实验室建设项目情况如下:该高校紧紧围绕地区产业升级改造,特别是智能制造带来的重大需求,打造教学特色。围绕实践教育、创新教育的目标,计划开展面向智能制造的计算机科学与技术专业建设,推进并完善工业控制安全实验室建设,突出特色办学,强化师资力量,充分发挥实验室在创新人才培养中的作用,实现工业控制安全人才培养目标。

工业控制安全实验室配置主流 PLC、HMI,构建典型工业控制系统,配置传统信息网和设备,并将传统信息系统和工业控制系统融合,形成典型工业网络环境。配置工业控制安全教学平台,采用虚实结合的方式,满足学习、实践需求。

工业控制安全教学平台:配置实训环境、教学课件、实验手册、考题库、知识库、教学管理模块等,形成一套完善的教学系统。

工业控制安全实训系统:配置典型工业控制系统,搭建工业控制网络,形成真实工业控制环境,作为靶机和研究对象。

工业控制安全设备:配置工业控制安全设备,高校学生可进行实际操作,以掌握运维技能。

4.4.13 国外水利领域的典型工业控制系统安全事件

2000 年 3 月,澳大利亚昆士兰州新建的马卢奇污水处理厂出现故障,故障表现为:无线连接信号丢失、污水泵工作异常、报警器没有报警。经过调查发现该故障是该厂前工程师因不满工作续约被拒而蓄意报复。其通过一台笔记本电脑和一个无线发射器控制 150 个污水泵站长达三个多月,在此期间,部分污水未经处理直接经雨水渠排入自然水系,进而导致当地环境受到严重破坏。

2006 年 10 月,黑客通过一台受感染的笔记本电脑访问位于美国宾夕法尼亚州哈里斯堡的水处理厂的计算机系统,并以此为跳板在工厂内部计算机中安装病毒和间谍软件。值得庆幸的是,黑客并不想破坏污水处理厂,而只是将计算机作为分发电子邮件的资源。如果黑客针对污水处理厂发起攻击,将可能产生极其严重的后果。

2016 年 3 月 24 日,美国司法部公开声明黑客入侵了纽约鲍曼水库的一个小型防洪控制系统。幸运的是,执法部门经后期调查确认,黑客并没有完全获得整个水库计算机系统的控制权,仅进行了一些信息获取和攻击尝试。这些黑客还涉嫌攻击 46 家金融机构。

2016 年 10 月 9 日,黑客利用美国宾夕法尼亚州哈里斯堡的一家自来水厂员工的个人计算机入侵了该厂负责水过滤的计算机系统,并在其中安装间谍软件,利用受感染主机向外发送电子邮件和盗版软件,与此同时,黑客还修改了该计算机的登录密码,致使水厂管理员也不能进入操作系统。

4.4.14 国外电力领域的典型事件

2001年5月11日,黑客入侵监管加利福尼亚州多数电力传输系统的独立运营商时被发现。据称,黑客已经非常接近控制系统的关键部分,一旦进入核心控制部分,可能会破坏整个加利福尼亚州的电网。

2003年1月,美国俄亥俄州Davis-Besse核电站和部分电力设备受到SQL Slammer(也被称为"蓝宝石")蠕虫攻击,导致该核电站计算机处理速度变缓,安全参数显示系统和过程控制计算机长达5小时无法正常工作。调查发现,该病毒利用SQL Server 2000中1434端口的缓冲区溢出漏洞进行攻击,在攻击成功后,该病毒会尝试感染随机生成的IP地址对应的主机,进而使得网络拥堵,造成SQL Server无法正常工作,甚至宕机。

2006年8月,美国Browns Ferry核电站3号机组受到网络攻击,反应堆再循环泵和冷凝除矿控制器失灵,导致3号机组被迫关闭。事后调查发现,调节再循环泵马达速度的变频器(VFD)和用于冷凝除矿的PLC中都内嵌了微处理器。通过微处理器,VFD和PLC可以在以太局域网中接收广播式数据通信。但是,由于当天核电站局域网中出现了信息洪流,VFD和PLC无法及时处理,致使两台设备瘫痪。

2012年,两个美国电厂遭受USB病毒攻击。随后美国工业控制应急响应中心表示,由于包含恶意程序的U盘插入系统,工厂的工业控制系统被病毒感染,攻击者可以远程控制受感染的计算机并窃取相关数据。

2014年1月2日,Monju核电厂控制室中的一台计算机遭到入侵。网络管理员发现,在员工更新了计算机中的一个免费应用程序后,反应堆控制室中的系统在5日内被访问了30多次。该计算机中存有42000多封电子邮件和员工培训资料。调查发现,恶意代码可能是通过软件更新感染到核电站内部的,并窃取了一些数据,然后发送到命令和控制服务器(command and control server)。

2015年12月23日,乌克兰电力部门遭到恶意代码攻击。乌克兰新闻媒体TSN在24日报道称,至少有三个电力区域被攻击,并导致了数小时的停电事故。2016年12月17日,乌克兰的国家电力部门再次遭遇了黑客袭击,这次停电持续了30分钟左右,受影响的区域是乌克兰首都基辅北部及其周边地区。

2019年3月7日,委内瑞拉全国发生大规模停电事件,影响18个州。据媒体报道,停电是由南部玻利瓦尔州的一座主要水电站发生故障导致的。事件发生后,委内瑞拉政府立刻组织人力,调拨资源全力恢复。大规模停电疑似是水电站遭到网络攻击导致的。

4.4.15 国外交通领域典型事件

2008年1月8日,14岁波兰男孩利用自己改装的电视遥控器"入侵"罗兹市有轨电车系统的轨道控制系统,改变电车运行轨道,致使4辆电车脱轨,幸运的是没有造成人员伤亡。

2015年6月21日,波兰航空公司的地勤系统遭黑客攻击,无法制定飞行计划,致使预定航班无法出港,导致长达5个小时的系统瘫痪,至少10个班次的航班被迫取消,超过1400名乘客被迫滞留在机场。所幸,黑客攻击没有对正在飞行的飞机和机场系统产生影响,否则后果不堪设想。该事件是全球首次发生的航空公司操作系统被攻击事件。

4.4.16 国外能源领域典型事件

2012年8月15日,沙特阿拉伯国家石油公司(沙特阿美)遭到Shamoon计算机病毒的侵袭。该病毒清除了沙特阿美四分之三的PC中的数据(电子表格、电子邮件等文件),并用一张燃烧的美国国旗图片改写了MBR。

2018年3月21日,印度一家电力公司的网络系统遭到了匿名黑客组织入侵,黑客在获取其计算机系统访问权限后,进一步侵入计费系统并窃取和锁定了大量客户计费数据,同时向该公司勒索价值100万卢比的比特币作为赎金。据悉,此次遭黑客窃取的数据是客户的消费账单,包括电费缴纳记录、未支付费用及客户地址等。该公司发言人表示,遭黑客窃取的数据库进行了加密处理,与之相关的数据并不会泄露。此外,公司拥有该数据库的备份并已完成了数据恢复,不会有业务因此中断或遭受损失。

2021年5月7日,美国最大输油管道公司Colonial Pipeline遭勒索软件攻击,导致其被迫关闭管道系统。网络攻击迫使东海岸的主要液体燃料供应商暂时停止了所有管道运营,受该事件影响,美国在5月9日发布公告,允许汽车运输石油产品,以缓解针对燃料运输的各种限制。

2018年4月24日,乌克兰能源与煤炭工业部网站遭黑客攻击,网站瘫痪,主机中文件被加密,主页留下要求支付比特币赎金的英文信息,以换取解锁文件。调查发现,乌克兰能源与煤炭工业部网站受到攻击是一起孤立事件,不构成大规模网络攻击,乌克兰政府的其他部门和机构网站没有遭遇类似状况。

2018年12月10日,意大利石油与天然气开采公司Saipem遭受网络攻击,主要影响了其在中东地区的服务器,造成公司10%的主机数据被破坏。Saipem发布公告证实此次网络攻击的罪魁祸首是Shamoon恶意软件的变种。公告显示，Shamoon 恶意软件袭击了该公司的服务器，导致数据和基础设施受损，公司通过备份恢复数据，没有造成数据丢失。

2017 年 3 月至今，近 3/4 的中东地区石油和天然气工业组织经历了安全危害，导致其机密数据泄露或操作中断。在中东地区受到的所有网络攻击中石油和天然气行业占据了一半的比例。最严重的一次攻击事件发生在 2017 年 8 月，沙特阿拉伯的一家石油工厂使用的 Triconex 安全控制器系统存在漏洞，恶意软件试图利用漏洞破坏设备并企图引发爆炸摧毁整个工厂，但由于恶意代码写入存在缺陷，未能成功实施攻击。

4.4.17 国外制造业领域典型事件

2014 年 12 月，德国一家钢铁厂遭受 APT 攻击，并造成巨大的经济损失。攻击者使用鱼叉钓鱼邮件和社会工程手段，获得钢铁厂办公网络的访问权，然后利用这个网络，设法进入钢铁厂的生产网络。攻击者的行为导致工业控制系统的控制组件和整个生产线被迫停止运转。由于炼钢炉不是正常关闭的，因此对设备造成了重大物理伤害。

2019 年 3 月 18 日，位于挪威的铝生产商海德鲁公司遭勒索软件攻击，攻击致使其位于欧洲和美国的部分自动化生产线被迫关闭，并以手工生产流程运营冶炼厂。若该情况持续，则可能导致延迟交货，甚至可能影响铝价格。挪威国家安全局称，攻击者有可能使用了 2019 年 1 月首次被发现的 LockerGoga 勒索软件，其不是一种大范围传播的勒索软件，但在早些时候也曾被用于攻击一家法国公司。

2019 年 10 月 13 日，总部位于德国的全球最大自动化设备生产商之一的皮尔兹公司遭遇 BitPaymer 勒索病毒的攻击，使得该公司在全球范围内的所有服务器、PC 工作站和通信设施都受到了影响。为保险起见，该公司切断了所有的网络连接，并阻止外部对公司网络的访问，同时皮尔兹公司的员工花费三天时间恢复国内电子邮件服务，又花费三天时间恢复国际电子邮件服务，直到 21 日恢复对其产品订单和交货系统的访问。攻击持续一周，其订单系统无法正常工作，无法提交订单和检查客户状态，导致其在全球 76 个国家或地区的业务受到影响。

第 5 章 工业控制系统安全防护技术

5.1 针对工业控制系统的攻击分析

5.1.1 攻击来源

1. 外部

工业控制系统网络的外部威胁可能与政治敌对势力有关,也可能与工业间谍活动有关。出于政治动机的攻击目的在于中断工业控制系统运行或者摧毁工业控制系统;而工业间谍活动的目的主要是盗用知识产权。

今天,大多数的工业部门,特别是涉及关键基础设施的工业部门,更有可能成为敌对势力的攻击目标,系统运行中断或系统损毁的风险很高。一旦风险发生,即使是那些不关心高级持续性威胁(APT)、不关心定向攻击的非关键基础设施的工业部门也会被波及,出现连带损失。因为出于政治动机的网络攻击所利用的技术漏洞通常是所有工业部门都存在的,很可能在无意间影响到非目标组织及其工业控制系统网络。例如,攻击伊朗核设施的"震网"病毒,按照西门子公司的说法,"震网"病毒至少入侵了 14 家企业,包括美国雪佛兰公司和俄罗斯的民用核电站。

2. 内部

和 IT 网络内部威胁一样,工业控制系统网络也存在同样的风险。拥有工业控制系统网络合法访问权限的内部威胁来自员工、承包商、第三方集成商等。由于大部分工业控制系统网络缺少限制用户活动的认证或加密机制,用户可以毫无约束地访问网络中的任何设备。

澳大利亚马卢奇污水处理厂事件就是由一位参与该厂 SCADA 系统安装工作的员工不满没有被续聘引起的。这名员工利用无线设备向系统发送了非授权指令,导致 80 万升的污水直接排入当地的公园、河流,甚至漫进酒店大堂,严重污染了当地自然环境。

3. 人为失误

人为失误是不可避免的,但因此付出的代价可能极高。对很多组织来说,人为失误造成的损失可能比内部威胁更为严重。有些情况下,人为失误可以看作工业控制系统的最大威胁。

人为失误包括设置错误、配置错误以及 PLC 编程错误等。人为失误造成的漏洞很容易被外部对手利用,例如,若集成商建立的临时连接在项目结束后没有及时删除,就相当于给攻击者留了一扇门。

有些人为失误是因为员工在工作中采用了非常规的方法。比如:在需要远程接入工业控制系统网络,却又无法提供安全连接的情况下,员工只能自己建立未经授权的远程连接。这些未经批准的连接就有可能成为外部攻击的渗透点,进而暴露出整个工业控制系统。

5.1.2 攻击目的与场景

1. 攻击目的

强目的性、针对式的攻击通常以破坏工业控制设备,造成工厂停产、工序异常、次品率增加,甚至火灾爆炸等严重后果为目的(见图 5-1)。现代工厂中,大部分现场生产设备都通过控制系统(如 PLC、CN、DCS)进行现场操作。攻击者往往通过直接或间接攻击或影响控制系统而实现攻击。下面以 PLC 控制系统为例,阐述黑客对工业控制系统的攻击思路。

图 5-1 攻击目的

2. 攻击场景

1) 直接攻击 PLC

直接攻击 PLC,是指利用 PLC 存在的漏洞,或通过口令破解等方式绕过安全认证,成功控制 PLC 并进行指令修改,实现攻击目的。当前较多的 PLC 处于内网,尚不能通过互联网直接访问,在此情景下,直接攻击一般通过物理接触 PLC,或通过内部办公网络连接到 PLC 等方式实现。随着工厂智能化程度的提升,设备实现互联互通,大量 PLC 系统连入互联网,将更易于黑客对 PLC 发起直接攻击。

2) 间接攻击 PLC

间接攻击 PLC,是指获取 PLC 上一层监控系统(如 HMI、IPC、SCADA 等)的控制权,通过监控系统向 PLC 发送恶意指令,或干扰监控系统与 PLC 的正常通信,实现攻击目的。采用间接攻击场景,通常是由于攻击者无法直接接触到控制系统,或对工厂内部 PLC 系统的了解有限,因而转向攻击存在大量攻击者熟悉的 IT 部件的过程与监控层系统。例如,攻击者首先获得 IPC 的控制权,分析 IPC 和 PLC 之间的传输模式,构造恶意指令,通过 IPC 传输给 PLC,间接影响 PLC 的正常工作或阻断生产状态的监控和预警。

3) 非针对式攻击

非针对式攻击,也称为撒网式攻击,是指恶意程序利用系统或网络的共性漏洞,无差异化感染系统并在内网传播,影响正常生产秩序。此类攻击场景虽然不针对工业控制系统,但由于目前工业控制环境的安全措施较为薄弱,因此非针对式攻击在世界范围内屡屡得手。非针对式攻击通常以病毒或恶意程序为主,例如,攻击者利用员工安全意识薄弱的特点,发送钓鱼邮件,感染接收者的计算机,再利用网络环境的脆弱性,在办公网快速传播病毒或恶意程序,再蔓延至生产网,感染具有共性漏洞的系统,如 IPC 等,影响生产或造成破坏。

5.1.3 攻击流程

第一阶段:获取访问权限。

网络攻击通常是利用网络、受感染文件、钓鱼邮件或应用程序漏洞作为入口获取访问权限,进而在目标网络中插入恶意软件进行攻击。

第二阶段:建立据点。

植入的恶意软件允许创建一个由后门和通道组成的网络,用于在系统中悄无声息地四处移动来建立据点。恶意软件通常采用重写代码等技术帮助黑客掩盖他们的痕迹。

第三阶段:深入访问。

一旦成功入侵,黑客将使用密码破解等技术来获取管理员访问权限,使其能够更大范围地控制系统并获得更高级别的访问权限。

第四阶段：横向移动。

利用管理员权限更加深入系统内部之后，黑客就可以随意移动了，还可以尝试访问其他服务器和网络的其他受保护部分。

第五阶段：观察、学习和潜伏。

黑客从系统内部全面了解系统的工作方式，发现系统的漏洞，随意获取想要的信息。

黑客可以尝试使这一过程不断运行，或者在实现特定目标后撤退。他们通常会保留一个后门，以便将来再次访问系统。

5.1.4 常见攻击类型

1. 恶意代码

恶意代码又称恶意软件。这些软件也可称为广告软件（adware）、间谍软件（spyware）、恶意共享软件（malicious shareware），是指在未明确提示用户或未经用户许可的情况下，在用户计算机或其他终端上安装运行，侵犯用户合法权益的软件。与病毒不同，这些软件很多不是由小团体或者个人秘密地编写和散播的，很多知名企业和团体都可能涉嫌此类软件。恶意代码有时也称作流氓软件。

近年来，针对工业控制系统的恶意软件正变得更加复杂且易用。最初的"震网"病毒需要通过U盘来潜入设施，但最新的工业控制恶意软件工具可通过网络远程攻击。例如"海渊"（Trisis）被用于2017年针对沙特阿拉伯一家石油工厂的攻击，该恶意软件针对施耐德电气的安全仪表系统（SIS）Triconex的多个型号的设备，这些设备用于炼油厂监控工厂的管理和硫回收系统，如果恶意软件按预期工作，它可能会引发爆炸和设施内危险气体的释放。但施耐德电气SIS设备上的安全控制设备发现了攻击者安装恶意软件的尝试，并触发了整个炼油厂的自动关闭。

2. 电子邮件

电子邮件是互联网上运用得十分广泛的一种通信方式。攻击者能使用一些邮件炸弹软件或CGI程序向目的邮箱发送大量内容重复、无用的垃圾邮件，从而使目的邮箱被撑爆而无法使用。相对于其他的攻击手段来说，这种攻击方法具有简单、见效快等特点。

3. 节点攻击

攻击者在突破一台主机后，往往以此主机为根据地，攻击其他主机（以隐蔽其入侵路径,避免留下蛛丝马迹)。攻击者能使用网络监听方法,尝试攻破同一网络内的其他主机;也能通过 IP 欺骗和主机信任关系,攻击其他主机。

这类攻击非常狡猾,但由于某些技术非常难掌控,如 TCP/IP 欺骗攻击,攻击者通过外部计算机伪装成另一台合法机器来实现欺骗攻击。这类攻击能破坏两台机器间通信链路上的数据,其伪装的目的在于哄骗网络中的其他机器误将攻击计算机作为合法机器加以接受,诱使其他机器向其发送数据或允许其修改数据。TCP/IP 欺骗能发生在 TCP/IP 系统的所有层次上,包括数据链路层、网络层、传输层及应用层。如果数据链路层、网络层、传输层等低层受到损害,则应用层的所有协议都将处于危险之中。另外由于用户本身不直接和低层相互相交流,因而对低层的攻击更具有欺骗性。

4. 网络监听

网络监听是主机的一种工作模式,在这种模式下,主机能接收到本网段在同一条物理通道上传输的所有信息,而不管这些信息的发送方和接收方是谁。因为系统在进行密码校验时,用户输入的密码需要从用户端传送到服务器端,而攻击者就能在两端之间进行数据监听。此时若两台主机进行通信的信息没有加密,只要使用某些网络监听工具(如 NetXRay for Windows 95/98/NT、Sniffit for Linux 等)就可轻而易举地截取包括口令和账号在内的信息资料。虽然网络监听获得的用户账号和口令具有一定的局限性,但监听者往往能够获得其所在网段的所有用户账号及口令。

5. 安全漏洞

许多系统都有这样那样的安全漏洞,其中一些是操作系统或应用软件本身具有的,如缓冲区溢出。由于非常多系统在不检查程式和缓冲之间变化的情况下,就接收任意长度的数据输入,把溢出的数据放在堆栈里,系统照常执行命令。这样攻击者只要发送超出缓冲区所能处理的长度的指令,系统便进入不稳定状态。攻击者若特别设置一串准备用作攻击的字符,则其甚至能访问根目录,从而拥有对整个网络的绝对控制权。另一些是利用协议漏洞进行攻击。如攻击者利用 POP3 一定要在根目录下运行的这一漏洞发动攻击,破坏根目录,从而获得终极用户的权限。又如,ICMP 协议也经常被用于发动拒绝服务攻击,具体手法就是向目的服务器发送大量的数据包,几乎占据该服务器所有的网络宽带,从而使其无法对正常的服务请求进行处理,导致网站无法进入、网站响应速度大大降低或服务器瘫痪。常见的蠕虫病毒或和其同类的病毒都能对服务器进行拒绝服务攻击。蠕虫类病毒的繁殖能力很强,一般通过 Microsoft 的

Outlook 软件向众多邮箱发送带有病毒的邮件,从而使邮件服务器无法承担庞大的数据处理量而瘫痪。个人上网用户也有可能遭到大量数据包的攻击而无法进行正常的网络操作。

6. 端口扫描

所谓端口扫描,就是利用 Socket 编程和目标主机的某些端口建立 TCP 连接,进行传输协议的验证等,从而侦知目标主机的扫描端口是否处于激活状态、主机提供了哪些服务、提供的服务中是否含有某些缺陷等。常用的扫描方式有:Connect 扫描、Fragmentation 扫描。

7. APT

APT 是黑客以窃取核心资料为目的,针对客户所发动的网络攻击和侵袭行为,是一种蓄谋已久的恶意商业间谍威胁。APT 的攻击手法,在于隐匿自己,针对特定对象,长期、有计划性和组织性地窃取数据,这种发生在数字空间的偷窃资料、搜集情报的行为,就是一种"网络间谍"的行为。此类攻击行为是传统安全检测系统无法有效检测发现的,前沿防御方法是利用非商业化虚拟机分析技术,对各种邮件附件、文件进行深度的动态行为分析,发现利用系统漏洞等高级技术专门构造的恶意文件,从而发现和确认 APT 攻击行为。

APT 攻击,是利用软、硬件漏洞和社会工程学原理进行的长期不间断的网络攻击。攻击者在发动攻击之前对攻击对象的业务流程和目标系统进行精准的收集,并挖掘被攻击对象受信系统和应用程序的漏洞,然后利用这些漏洞组建其所需的网络,发起攻击。APT 以窃取核心资料、搜集情报为目的,具备高度隐蔽性,用户不易发现,当用户知道被攻击时,造成的危害已难以挽回。

APT 攻击具有以下特点:

1)极强的隐蔽性

极强的隐蔽性体现在 APT 攻击已经与被攻击对象的可信程序漏洞与业务系统漏洞进行了融合,在组织内部这样的融合很难被发现。例如,2012 年最火的 APT 攻击"火焰"(Flame)就是利用了 MD5 的碰撞漏洞,伪造合法的数字证书,冒充正规软件实现了欺骗攻击。

2)潜伏期长,持续性强

APT 攻击是一种很有耐心的攻击形式,攻击和威胁可能在用户环境中存在一年以上,攻击者不断收集用户信息,直到收集到重要情报。攻击者往往不是为了在短时间内获利,而是把"被控主机"当成跳板,持续搜索,直到充分掌握目标对象的使用行为。所以这种攻击模式,本质上是一种恶意商业间谍威胁,具有很长的潜伏期和持续性。

3）目标性强

不同于以往的常规病毒,APT制作者掌握高级漏洞发掘和超强的网络攻击技术。发起APT攻击所需的技术壁垒和资源壁垒,要远高于普通攻击行为。其针对的攻击目标也不是普通个人用户,而是拥有高价值敏感数据的高级用户,特别是可能影响国家和地区政治、外交、金融稳定性的高级别敏感数据持有者。

5.2 安全防护技术体系

安全防护技术体系以《中华人民共和国网络安全法》为背景,遵循《信息安全技术 网络安全等级保护基本要求》的通用要求和工业控制系统的扩展要求,同时结合了P2DR安全模型和IATF(information assurance technology framework,信息保障技术框架)理念,设计安全技术体系。

通过构建1个安全管理中心和安全通信网络、区域边界、计算环境的多重防护来打造纵深防护的技术体系。最后结合各种技术手段、管理手段、安全策略,提供多维度、全方位的网络安全防护能力,从而达到能够有效防护、全面检测监控、及时响应的安全防御体系。整体安全技术架构体系设计如下。

1. 安全管理中心

（1）系统管理。通过部署工业控制系统安全管理平台,对登录系统的管理员进行身份鉴别(动态双因子认证)。系统配有三个角色,即系统管理员、安全管理员、审计管理员。系统管理员对系统参数、配置、启动、修改、加载等配置项有授权权限,进行统一配置管理。

（2）审计管理。审计管理员通过动态双因子认证登录到管理平台上,对系统的操作日志以及报警日志进行统一查看、分析审计等。

（3）安全管理。安全管理员通过动态双因子认证登录到管理平台上,对安全策略下发、配置、修改、访问控制、授权等进行统一配置管理。

（4）集中管理。通过部署工业控制系统安全管理平台,对所有安全设备统一管理,所有终端的事件信息统一上传,参数配置统一下发等,实现对工业控制系统的整体安全态势集中可视化展现(资产、漏洞、拓扑、事件)和分析,安全事件的预警和管控,提升企业安全防护整体水平。

2. 安全通信网络设计

（1）网络架构。关键网络设备和计算设备采用冗余架构，合理划分安全域，不同域之间进行安全隔离。

（2）通信传输。通信完整性和保密性主要通过加密机完成。

（3）可信验证。此项为可选项，可通过国产CPU、操作系统、数据库来完成可信验证。

3. 安全区域边界设计

（1）边界防护。通过部署工业防火墙、工业网闸解决不同安全域之间违规访问与逻辑隔离问题。通过部署网络准入设备，对终端的违规接入和非法外联进行管控。针对工业无线网络，对无线接入点或无线路由器的上联端口进行控制，如接入防火墙端口上，并以工业防火墙为边界，与其他网络区域进行逻辑隔离。

（2）访问控制。在工业防火墙中设置访问控制列表，基于对数据包的源地址、目的地址、工控协议、源端口、目的端口、请求服务进行检查，实现数据的安全传输。

（3）入侵防范。在工业网络中的交换机旁路部署监测审计设备，对网络中的数据流量进行实时解析。同时利用白名单、黑名单规则库，实时监测网络攻击、异常操作、非法设备接入以及病毒入侵并报警，同时翔实记录一切网络通信行为，包括指令级的协议通信记录。

（4）恶意代码。利用防毒墙内置的工业病毒库，对网络流量中的木马、病毒、恶意代码进行检测、报警和阻断。

（5）安全审计。在网络核心部署运维堡垒机，在运维人员远程运维设备时进行操作记录、分析、审计，为事后追溯提供依据。同时，利用监测审计设备白名单自学习机制，对异常通信行为进行审计并报警。

4. 安全计算环境

（1）身份鉴别。工业主机、网络设备、安全设备、控制设备、应用系统、数据库等应内置身份鉴别功能或身份鉴别措施，如果不具备，可使用堡垒机进行统一安全登录认证。

（2）访问控制。在工业主机、网络设备、安全设备、应用系统、数据库等设备或系统上，对登录的用户分配账户及相应操作权限，删除或停用多余的、过期的账户，避免共享账户的存在。对管理用户授权遵循最小权限原则。

（3）安全审计。通过部署数据库审计系统，基于数据库协议分析与控制技术,实现对数据库操作"危险指令阻断、访问行为控制、安全态势分析、全面行为审计"的数据库安全主动防御。通过部署工业控制安全卫士进行主机审计,将安全事件、审计记录、监测数据上报到安全管理平台。同时,通过部署日志审计系统,对安全设备、网络设备以及工业主机、控制系统、数据库、应用系统的日志进行统一收集、记录和分析。

(4) 入侵防范。在工业主机、网络设备、安全设备、应用系统、数据库等设备或系统中安装必要的组件和应用程序,关闭非必要的系统服务和默认共享,关闭非必要的高危端口等。

(5) 恶意代码防范。通过部署工业控制安全卫士,实现对工业主机的进程白名单管理,对移动存储介质使用进行管理,有效抵御未知病毒、木马、恶意程序、非法入侵等针对终端的攻击,实现安全防护。

(6) 数据完整性。通过部署数据库审计系统,对工业控制系统核心数据的访问、增、删、改、查等行为进行日志记录,审计记录数据的统计、查询、分析及生成统计报表等功能,防止外部黑客攻击、内部高危操作、敏感数据泄露以及数据库遭到破坏,实现恶意操作后有据可查,从而追溯对数据库的一切操作。

5.3　内生安全技术

传统的网络安全在引入安全功能的同时不可避免地会引入新的内生安全隐患。作为网络空间"底线防御"的加密认证措施,尽管其算法的数学意义是严谨的,但是实现算法的宿主软/硬件却不能保证没有内生安全问题存在。

网络空间内生安全问题可以抽象为两类问题。一类是狭义内生安全问题,特指一个软/硬件系统除预期的设计功能之外,总存在包括副作用、脆弱性、自然失效等因素在内的显式或隐式表达的非期望功能;另一类是广义内生安全问题,专指在狭义内生安全问题之外,还包括对最终用户不可见,或所有未向使用者明确声明或披露过的软/硬件隐匿功能,例如前门、后门、陷门等"暗功能"问题。

从哲学原理上说,内生安全问题是难以完全消除的,只能在时空约束前提下实施"条件规避"。在理论和实践层面,多年来研究者试图彻底根除内生安全问题的想法至今仍难以实现。回顾传统网络安全思维模式与技术路线,网络空间安全为何会陷入当前困局也就不难理解了。但是,怎样才能"条件规避或化解"基于内生安全问题的不确定威胁影响,是值得研究者重点关注和突破的科学技术难题。

在网络空间,内生安全功能是指利用技术系统自身架构、功能和运行机制等内源性效应而获得的可量化设计、可验证度量的安全功能,其作用域同时涵盖可靠性和可信性领域,其功能有效性既不依赖有关攻击者的先验知识或特征信息,也不依赖(但可以融合)外挂式的传统安全技术,仅以架构特有的机制就能达成抑制系统内生安全问题。网络空间内生安全具有"改变网络空间攻防不对称游戏规则"的变革性意义,能够彻底抵消基于隐匿漏洞、设置后门的不对称战略优势,也预示着可设计、可验证的内生安全必将成为新一代信息系统或控制装置的标志性功能。

内生安全应该具有自适应、自主、自成长三个特点(见图 5-2)。第一,内生安全的自适应指的是信息化系统具有针对一般性网络攻击自我发现、自我修复、自我平衡的能力;具有针对大型网络攻击自动预测、自动报警和应急响应的能力;具有应对极端网络灾难、保证关键业务不中断的能力。第二,自主特点是指,每个组织应针对自己的业务特性,立足于自己的安全需求,建设自主的安全能力。第三,自成长特点则是,当信息化系统和安全系统升级换代、业务系统流程再造的时候,安全能力应该能动态提升。

图 5-2　内生安全

除此之外,齐向东还提到要把信息化系统与安全系统聚合起来,这种聚合需要信息化系统把网、云、数据、应用、端分层解耦,以便把安全能力插入其中;为了让安全系统能够识别业务,还需要把接口、协议、数据标准化,即便异构也能兼容。一旦实现这种聚合,安全能力就能融入业务系统的各环节之中,就好比业务系统内生出了一种安全能力。

5.4 外建安全技术

目前企业进行网络安全建设,大多仍采用由外到内的安全防护手段。首先按照功能与安全级别对网络进行网格化分区分域,整合分散的网络边界,强化集中管理;其次,构建企业级的网络纵深防御体系,全面覆盖网络各结构层次,能力涵盖网络访问控制、流量加解密、网络入侵防御、网络恶意代码防范、应用安全防护、数据加密传输等,而且可以根据各网络节点的业务连接模式灵活配置和部署集群的能力;最终,实现统一管理全网各节点的安全能力,实施动态细粒度的网络运维特权访问控制,提供全局网络数据支撑,实现安全策略的自动化高效管理。常见的外建安全技术如下。

5.4.1 工业防火墙技术

2019年9月30日,国家市场监督管理总局和中国国家标准化管理委员会共同发布了 GB/T 37933—2019《信息安全技术 工业控制系统专用防火墙技术要求》,该标准中规定了工业防火墙的安全功能性要求、自身安全性要求、性能要求和安全保障性要求,并明确了工业防火墙的定义:部署于工业控制系统中不同的安全域之间,或者控制器之前,具备网络层访问控制及过滤功能,工业控制协议规约检查和过滤功能,并具备高可用性,能够适用于工业控制环境的安全网关类产品。

工业防火墙在软件方面对工业控制协议深度包解析技术不仅能够对二层、三层网络协议进行解析,更能进一步解析到应用层,对 OPC、Modbus TCP、DNP3、IEC104、S7、CIP 等工业控制协议进行深度分析,实现对生产工艺和关键工业控制设备的防护。硬件方面采用高性能、高可靠性、宽温、宽压的工业专用硬件平台,可确保系统稳定运行。

5.4.2 物理隔离技术

物理隔离技术包含隔离网闸技术、物理隔离卡技术等。

1. 隔离网闸

物理隔离网闸可用于创建一个这样的环境:内、外网物理断开,但逻辑相连。即在这两个网络之间创建了一个物理隔断,这意味着网络数据包不能从一个网络流向另外一个网络,并且可信网络上的计算机和不可信网络上的计算机从不会有实际的连接。

物理隔离网闸是使用带有多种控制功能的固态开关读写介质连接两个独立主机系统的信息安全设备。由于物理隔离网闸所连接的两个独立主机系统之间不存在通信的物理连接、逻辑连接、信息传输命令、信息传输协议,不存在依据协议的信息包转发,只有数据文件的无协议"摆渡",且对固态存储介质只有"读"和"写"两个命令。所以,物理隔离网闸从物理上隔离、阻断了具有潜在攻击可能的一切连接,使"黑客"无法入侵、攻击和破坏,实现了真正的安全。

2. 物理隔离卡

物理隔离卡技术是指在每台计算机中通过主板插槽安装物理隔离卡,把一台普通计算机分成两台虚拟计算机,实现真正的物理隔离。

5.4.3 虚拟专用网技术

虚拟专用网技术即 VPN 技术,被定义为通过一个公用网络(通常是 Internet)建立一个临时的、安全的连接,是一条穿过混乱的公用网络的安全、稳定的隧道。虚拟专用网是对企业内部网的扩展,是依靠 ISP 和 NSP,在公用网络中建立专用的数据通信网络的技术。

虚拟专用网技术的特点如下。

(1)安全性高。VPN 使用通信协议、身份验证和数据加密三方面技术保证了通信的安全性。当客户机向 VPN 服务器发出请求时,该服务器响应请求并向客户机发出身份质询,然后客户机将加密的响应信息发送到 VPN 服务器,该服务器根据数据库检查该响应。

(2)费用低廉。远程用户可用 VPN 通过 Internet 访问企业局域网,费用仅是原先的一部分,且企业可节省购买和维护通信设备的费用。

(3)管理便利。构建 VPN 不仅只需很少的网络设备及物理线路,而且网络管理变得简单方便。不论下属企业或远程访问用户,都只需要一个公用网络端口或 Internet 路径即可进入企业网络。

(4)灵活性强。可支持通过各种网络的任何类型数据流,支持多种类型的传输媒介,可以同时满足传输语音、图像和数据等的需求。

(5)服务质量佳。为企业提供不同等级的服务质量保证。不同用户和业务对服务质量保证的要求差别较大,对于拥有众多分支机构的专线 VPN,交互式内部企业网应用则要求网络具有良好的稳定性。

5.4.4 入侵检测技术

入侵检测技术,顾名思义是一种主动对入侵行为进行检测,以保护自己免受攻击的安全技术。入侵检测技术通常会作为防火墙的补充,帮助系统应对网络攻击,提高系统的防御能力,保障系统的安全。

1. 入侵检测技术的分类

1）按照入侵对象划分

基于主机的入侵检测:分析 Windows 或 Linux 操作系统的事件日志、应用程序的事件日志、端口调用和安全审计记录等数据,当发现新的记录与具有攻击特征的记录有一定匹配度时,发出报警或做出及时响应。

基于网络的入侵检测:分析网络来源的数据包,通常利用混杂模式下的以太网卡实时监测数据流,使用模式匹配、统计分析等技术检测攻击行为,当发现可疑行为时,及时做出报警、切断网络连接等响应。

2）按照分析方法划分

误用检测:先预设一些入侵事件的特征,通过比对现在的事件是否与这些特征匹配来进行检测。依据是否出现攻击签名来判断入侵行为,是一种直接的方法。

异常检测:假设入侵事件的行为不同于所有的正常事件。根据这一思路建立正常事件的"规则",当当前事件的行为违反"规则"时,认为该事件可能为入侵行为。

2. 入侵检测技术实现方法

① 监视、分析系统或用户行为;

② 系统构造和弱点审计;

③ 检测已知攻击并报警;

④ 异常行为的统计分析;

⑤ 评估重要系统和数据文件的完整性;

⑥ 操作系统的审计跟踪管理,并识别用户违反安全策略的行为。

3. 入侵检测技术的重要性

随着技术的发展,网络攻击事件层出不穷,新的攻击手段也在不断变化,利用入侵检测技术可以了解网络的安全状况,并根据攻击事件来调整安全策略和防护手段,同时改善实时响应和事后恢复的有效性,为定期的安全评估和分析提供依据,从而提高网络安全的整体水平。

5.4.5　准入控制技术

在大部分的用户网络中,针对有外部网络边界进行防护的安全设备,如防火墙、统一威胁管理(unified threat management,UTM)、流控、入侵检测系统(intrusion detection system,IDS)等都有部署,但是内部网络的安全层次却很低,各种新型的安全威胁往往很容易进入单位内部的信息系统。在这样的安全状况下,各种新型的安全威胁层出不穷。这些安全威胁无视内部漏洞和安全管理不规范,可以在大部分时间下保持表象正常,但只要发起攻击就足以造成巨大的损失。这就是典型的"亚安全"现象。

很多网络管理员无法确定现在网络中有多少种设备、终端,各是什么种类;无法确定入网终端的安全状况、合法性;无法确定此时有哪些人员入网访问,访问了何种资源;无法有效遵从机构的安全规范;私接 Hub 及无法有效管理无线路由器;无法迅速安全定位到终端设备和使用者。这就是我们所说的"网络雾霾"。"网络雾霾"往往不如其他网络安全问题那么激烈,常常不被人重视,但是其带来的安全隐患却非常严重,可能会严重影响了信息网络的正常运行。

因此我们需要在网络中部署网络安全准入系统。对接入网络的各种终端实现接入授权、安全检查与修复、访问权限管理、使用状态进行监控,以有效地实现接入安全管理,防止"亚安全"现象的出现。

安全准入系统支持 802.1x、PBR、MVG、Bridge 等多种先进准入控制技术,可广泛地结合用户已有的交换机、杀毒软件、AD 域、LDAP 服务器等,并完全实践了"入网-在网-出网"的整体化流程。产品功能包括身份认证、设备智能识别管理、全网安全结构管理等。

安全准入系统主要从终端、网络、人员、管理四个维度,对网络使用、安全、管理中的各种元素进行全面的管控。第一,对网络中的终端进行终端授权管理,拦截伪造或者非法的终端,同时确保终端符合安全要求并持续进行监视和响应;第二,基于网络层面对接入网络的各种设备进行定位透视、网络拓扑结构透视;第三,提供各种灵活的人员认证机制,对不同的人员采用不同级别和强度的认证,并且进行权限管理和审计追溯;第四,以报表形式输出外部接口可以为管理员持续进行网络健康状况管理和检测提供方便。

5.4.6 安全审计技术

1. 日志审计

日志审计系统主要将采集器、解析引擎、分析引擎、关联引擎、搜索引擎作为核心数据处理与驱动组件,支持采集和汇聚各种主流操作系统、网络设备、安全设备、Web 服务器、数据库、虚拟平台等的异构日志;支持 Syslog、WMI、

SNMP Trap、JDBC、FTP、Agent、http/https、API、SMB、Kafka 等采集方式；由采集器采集的日志数据将会通过系统预设的解析引擎进行解析规则匹配，解析后的日志存入数据库，为日志的分类审计、场景审计提供支持。

在国内外网络安全形势日益严峻的背景下，网络攻击与威胁无处不在，网络系统的日志正是这些网络行为的具象化表达，是事中记录、事后溯源分析与总结的重要依据，同时国家法律法规与标准也有相应要求。

2. 数据库审计

数据库审计系统是监管数据库访问行为的系统，能够记录数据库的所有访问和操作行为，数据库遭受到风险行为时进行报警，并对攻击数据库行为进行阻断；通过记录、分析和汇报用户访问数据库的行为，事后生成合规报告，协助用户对事件溯源，通过加强内外部数据库管理，提高数据库的安全。

数据库审计时首先要采集数据库访问流量，流量全采集才能保证数据库审计的可用性和价值，目前有镜像和探针两种采集方式。镜像方式多用于传统 IT 架构，采用旁路部署通过镜像方式获取访问流量；探针方式适用于复杂的网络环境，主要通过虚拟环境分配的审计管理网口进行数据传输，完成流量采集。

数据库审计还要进行 SQL 语法、语义解析，这样才能保障数据库审计的全面性与易用性。全面性审计内容包括访问数据库的应用层信息、登录时间、操作时间、客户端信息、SQL 响应时长等；易用性审计要将数据库中的客户端 IP、SQL 操作类型、数据库表名称、列名称、过滤条件等变成业务人员熟悉的类似办公地点、工作人员名称、业务对象等的业务要素，确保非专业运维管理人员也能看懂审计结果。

3. 工业控制网络安全审计

工业控制网络安全审计系统能实时监测工业控制网络/工业控制指令的行为和状态，监测工业控制网络中的入侵行为、流量异常，也能根据用户定义、白名单＋黑名单、关联预判等组合审计策略，追踪溯源工业控制网络安全事件。基于对适配工业控制网络的 IT 协议及绝大部分常用工业控制协议的通信报文进行深度解析，实时检测针对工业控制协议的网络攻击、用户误操作、用户违规操作、未知设备接入，以及异常报文、异常连接、病毒等利用资产漏洞进行恶意传播和破坏的行为，并实时报警，同时完整记录网络通信过程，包括工业控制协议会话记录，为工业控制系统的安全事故调查提供坚实的基础。

工业控制网络安全审计系统适用于大中型 SCADA、DCS、MES、BAS、

FAS、FCS、PCS 等工业控制系统网络,可实现对 DCS、PLC、RTU 等设备的保护。

工业控制网络安全审计系统可以被广泛应用到石油石化、天然气、电力、钢铁、智能制造、水利、烟草、高速铁路、城市轨道交通、城市市政等行业以及其他与国计民生紧密相关领域的工业控制系统。

5.4.7 主机白名单技术

对于信息系统安全防护,目前用户对基于网络应用的外部防范关注较多,却忽略了服务器自身安全防护。然而在应用系统中最薄弱、易受攻击、保护力度又相对缺乏的就是服务器。当前针对服务器的攻击事件层出不穷,攻击手段多种多样,从用户身份伪造、系统完整性破坏到重要数据完整性破坏和泄密,从黑客外部攻击到内部人员攻击,服务器总是处于安全攻击的核心。并且,商用操作系统在安全结构上的缺陷,又进一步为服务器攻击提供机会。如今的商用操作系统,主要注重功能性,严重忽略了安全性保护,如管理员权限过于集中、程序运行控制机制薄弱、核心进程及关键目录的防护控制不足等。

针对服务器操作系统存在的诸多安全隐患,可采用主机白名单防护技术,该技术从防止病毒木马入侵、恶意软件启动、系统漏洞利用、配置参数不合规、管理人员违规访问等方面入手,为 Windows、Linux、Solaris 等系统提供可信程序检测、核心目录防篡改、移动介质权限控制、网络通信控制、核心进程防护、远程运行控制等安全技术。针对服务器"运行安全、数据安全、安全管理"三个层面进行安全防护设计,实现服务器全生命周期的安全防护,全方位保障服务器的安全。

主机白名单防护基于可信计算技术,采用白名单机制,提供执行程序可信度量,阻止非授权及不符合预期的执行程序运行,实现对已知/未知恶意代码的主动防御,降低操作系统完整性及可用性被破坏的风险。

主机白名单技术采用可信程序保护机制,禁止任何程序或用户对可信程序进行篡改,保障服务器中的程序能够稳定运行;支持基于可信计算技术对服务器中运行的业务程序或其他可信程序进行防篡改检查;拦截以任何方式对服务器中业务程序的删除、修改等危险操作;记录可信程序变更记录,并支持在得到授权允许时恢复可信程序;与可信检测平台联动,通过自动下载可信检测平台中对应程序的保护策略,实现程序防护策略动态调整;提供基于可信计算技术的恶意代码防御机制,对执行程序进行可信检测,确保恶意程序或与业务无关的程序无法在服务器中运行;拦截服务器中可执行程序执行请求,只允许经过可信验证的安全程序在服务器中运行,有效拦截已知/未知病毒、木马及其他恶意软件。

5.4.8　数据备份技术

面对人为误操作、病毒、网络攻击、软/硬件故障、自然灾害等意外事件时,如果系统缺少必要的安全保护,则极易造成数据丢失,甚至将严重影响到业务的正常开展,带来巨大的经济损失以及负面影响。为应对这些风险,一是需要做好数据的安全保护工作,对数据进行备份,在任何数据发生损坏或逻辑损坏的情况下,能够应急恢复,确保业务系统数据的可用性、完整性、安全性;二是建立应急保障机制,实现应用容灾建设,保证业务系统不间断运行,当系统发生故障时,服务能够及时切换,从而保障业务连续性;三是针对桌面 PC 数据,需要建立高效的数据保护体系,对数据进行集中备份,当灾难发生时可以快速有效地恢复信息数据,确保工作的正常开展。

第 6 章
基于国密的工控安全协议

6.1 国密算法

为了增强我国网络空间安全领域自主可控能力,国家密码管理局制定了一套国产密码算法(国密算法)的标准和应用规范。国密算法主要包括三种类型的加密算法:公钥加密算法、对称加密算法和密码杂凑算法。其中,公钥加密算法包括 SM2 算法和 SM9 算法;对称加密算法包括 ZUC、SM1、SM4 和 SM7 算法等;密码杂凑算法为 SM3 算法。此外,我国还颁布了基于国产密码算法的数字证书标准。目前,国家正在大力推广国产密码算法在全国范围内军事、政治、工业等领域内的应用。

6.1.1 SM2 公钥加密算法

SM2 算法是我国在密码核心领域自主研发的公钥加密算法,该算法基于椭圆曲线离散对数问题实现,在国家商用密码体系中用来替换 RSA 加密算法。SM2 算法为使用者提供了数字签名、密钥协商和数据加密三方面的功能。

1. SM2 数字签名生成算法

设待签名的消息为 M,为了获取消息 M 的数字签名 (r,s),作为签名者的用户 A 应通过自身私钥 d_A 实现以下运算步骤:

A_1:置 $\overline{M} = Z_A \parallel M$;

A_2:计算 $e = H_v(\overline{M})$,将 e 的数据类型转换为整数;

A_3:用随机数发生器产生随机数 $k \in [1, n-1]$;

A_4:计算椭圆曲线点 $(x_1, y_1) = [k]G$,将 x_1 的数据类型转换为整数;

A_5:计算 $r = (e+x_1) \bmod n$,若 $r=0$ 或 $r+k=n$ 则返回步骤 A_3;

A_6:计算 $s = ((1+d_A)^{-1} \times (k - r \times d_A)) \bmod n$,若 $s=0$ 则返回步骤 A_3;

A_7:将 r、s 的数据类型转换为比特串,消息 M 的签名为 (r,s)。

2. SM2 签名验证算法

为了检验收到的消息 M' 及其数字签名 (r', s'),作为验证者的用户 B 应通过签名者公钥 P_A 实现以下运算步骤:

B_1:检验 $r' \in [1, n-1]$ 是否成立,若不成立则验证不通过;

B_2:检验 $s' \in [1, n-1]$ 是否成立,若不成立则验证不通过;

B_3:置 $\overline{M'} = Z_A \parallel M'$;

B_4:计算 $e' = H_v(\overline{M'})$,将 e' 的数据类型转换为整数;

B_5:将 r' 和 s' 的数据类型转换为整数,计算 $t = (r' + s') \bmod n$,若 $t = 0$,则验证不通过;

B_6:计算椭圆曲线点 $(x_1', y_1') = [s']G + [t]P_A$;

B_7:将 x_1' 的数据类型转换为整数,计算 $R = (e' + x_1') \bmod n$,检验 $R = r'$ 是否成立,若成立则验证通过,否则验证不通过。

3. SM2 加密算法

设需要发送的消息为比特串 M,k_{len} 为 M 的长度。为了对明文 M 进行加密,作为加密者的用户 A 应实现以下运算步骤。

A_1:用随机数发生器产生随机数 $k \in [1, n-1]$;

A_2:计算椭圆曲线点 $C_1 = [k]G = (x_1, y_1)$,将 C_1 的数据类型转换为比特串;

A_3:计算椭圆曲线点 $S = [h]P_B$,若 S 是无穷远点,则报错并退出;

A_4:计算椭圆曲线点 $[k]P_B = (x_2, y_2)$,将坐标 x_2 和 y_2 的数据类型转换为比特串;

A_5:计算 $t = \text{KDF}(x_2 \parallel y_2, k_{\text{len}})$,若 t 为全 0 比特串,则返回步骤 A_1;

A_6:计算 $C_2 = M \oplus t$;

A_7:计算 $C_3 = \text{Hash}(x_2 \parallel M \parallel y_2)$;

A_8:输出密文 $C = C_1 \parallel C_3 \parallel C_2$。

4. SM2 解密算法

设 k_{len} 为密文中 C_2 的比特长度。为了对密文 $C = C_1 \parallel C_3 \parallel C_2$ 进行解密,作为解密者的用户 B 应实现以下运算步骤:

B_1:从 C 中取出比特串 C_1,将 C_1 的数据转换为椭圆曲线上的点,验证 C_1 是否满足椭圆曲线方程,若不满足则报错并退出;

B_2:计算椭圆曲线点 $S = [h]C_1$,若 S 是无穷远点,则报错并退出;

B_3:计算 $[d_B]C_1 = (x_2, y_2)$,将坐标 x_2 和 y_2 的数据类型转换为比特串;

B_4:计算 $t = \text{KDF}(x_2 \| y_2, k_{\text{len}})$,若 t 为全 0 比特串,则报错并退出;

B_5:从 C 中取出比特串 C_2,计算 $M' = C_2 \oplus t$;

B_6:计算 $u = \text{Hash}(x_2 \| M' \| y_2)$,从 C 中取出比特串 C_3,若 $u \neq C_3$,则报错并退出;

B_7:输出明文 M'。

6.1.2 SM3 密码杂凑算法

SM3 是我国密码管理局于 2010 年发布的密码杂凑算法。SM3 算法用于替代 MD5/SHA 等系列国际算法,适用于数字签名和验证、消息认证码的生成与验证以及随机数的生成,可以满足电子认证服务系统等的应用需求。SM3 算法在 SHA-256 基础上改进实现,采用 Merkle-Damgard 结构,消息分组长度为 512 位,输出摘要值长度为 256 位。

SM3 密码杂凑算法的输入为长度 $l(l < 2^{64})$ 位的消息 m,经过填充、迭代压缩,生成杂凑值,杂凑值输出长度为 256 位。

具体步骤如下。

1. 填充

假设消息 m 的长度为 l 位,则首先将比特"1"添加到消息的末尾,再添加 k 个"0",k 是满足 $l + 1 + k \equiv 448 \pmod{512}$ 的最小的非负整数。然后再添加一个 64 位比特串,该比特串是长度 l 的二进制表示。填充后的消息 m' 的长度为 512 位的倍数。

2. 迭代压缩

(1) 迭代过程。

将填充后的消息 m' 按 512 位进行分组:$m' = B^{(0)} B^{(1)} \cdots B^{(n-1)}$,其中 $n = (l + k + 65)/512$。对 m' 按下列方式迭代:

  FOR $i = 0$ TO $n - 1$
    $V^{(i+1)} = \text{CF}(V^{(i)}, B^{(i)})$
  ENDFOR

其中 CF 是压缩函数,$V^{(0)}$ 为 256 位初始值 IV,$B^{(i)}$ 为填充后的第 i 个消息分组,迭代压缩结果为 $V^{(n)}$。

(2) 消息扩展。

将消息分组 $B^{(i)}$ 按以下方法扩展成 132 个消息字 $W_0, W_1, \cdots, W_{67}, W'_0, W'_1, \cdots, W'_{63}$,用于压缩函数 CF:

第一步，将消息分组 $B^{(i)}$ 划分为 16 个消息字 $W_0, W_1, \cdots, W_{15}$。

FOR $j = 16$ TO 67

$\quad W_i \leftarrow P_1(W_{i-16} \oplus W_{i-9} \oplus (W_{i-3} <<< 15)) \oplus (W_{i-13} <<< 7) \oplus W_{i-6}$

ENDFOR

FOR $j = 0$ TO 63

$\quad W'_i = W_i \oplus W_{i+4}$

ENDFOR

(3) 压缩函数。

令 A, B, C, D, E, F, G, H 为字寄存器，$SS1, SS2, TT1, TT2$ 为中间变量，压缩函数 $V^{(i+1)} = CF(V^{(i)}, B^{(i)}), 0 \leqslant i \leqslant n-1$。计算过程如下：

$ABCDEFGH \leftarrow V^{(i)}$

FOR $j = 0$ TO 63

$\quad SS1 \leftarrow ((A <<< 12) + E + (T_i <<< (j \bmod 32))) <<< 7$

$\quad SS2 \leftarrow SS1 \oplus (A <<< 12)$

$\quad TT1 \leftarrow FF_i(A, B, C) + D + SS2 + W'_i$

$\quad TT2 \leftarrow GG_i(E, F, G) + H + SS1 + W_i$

$\quad D \leftarrow C$

$\quad C \leftarrow B <<< 9$

$\quad B \leftarrow A$

$\quad A \leftarrow TT1$

$\quad H \leftarrow G$

$\quad G \leftarrow F <<< 19$

$\quad F \leftarrow E$

$\quad E \leftarrow P_0(TT2)$

ENDFOR

$V^{(i+1)} \leftarrow ABCDEFGH \oplus V^{(i)}$

其中，字的存储为大端（big-endian）格式，左边为高有效位，右边为低有效位。

3. 生成杂凑值

$ABCDEFGH \leftarrow V^{(n)}$

输出 256 位的杂凑值 $y = ABCDEFGH$。

6.1.3　SM4 对称加密算法

SM4 密码算法是一种分组算法，该算法的分组长度为 128 位，密钥长度为

128位。加密算法与密钥扩展算法均采用非线性迭代结构,运算轮数均为32轮。数据解密和数据加密的算法结构相同,只是轮密钥的使用顺序相反,解密轮密钥是加密轮密钥的逆序。具体算法步骤如下:

设明文的输入为$(X_0, X_1, X_2, X_3) \in (Z_2^{32})^4$,密文输出为$(Y_0, Y_1, Y_2, Y_3) \in (Z_2^{32})^4$。设轮密钥为$rk_i \in Z_2^{32}, i=0,1,2,\cdots,31$,则轮函数为

$$F(X_0, X_1, X_2, X_3, rk) = X_0 \oplus T(X_1 \oplus X_2 \oplus X_3 \oplus rk)$$

(1) 32次迭代。

$$X_{i+4} = F(X_i, X_{i+1}, X_{i+2}, X_{i+3}, rk_i), \quad i=0,1,2,\cdots,31$$

(2) 逆序变换。

$$(Y_0, Y_1, Y_2, Y_3) = R(X_{32}, X_{33}, X_{34}, X_{35}) = (X_{35}, X_{34}, X_{33}, X_{32})$$

6.2 Modbus TCP 协议

Modbus协议是一种串行通信协议,协议简单易用,目前已经成为工业领域通信协议的事实标准,广泛运用于工业控制系统。Modbus是一种基于主从架构的通信协议,它有三种通信模式,分别是基于串行链路通信的Modbus RTU协议、Modbus ASCII协议和基于以太网通信的Modbus TCP协议。Modbus TCP协议是基于Modbus协议的应用层通信协议,采用502端口进行通信,寻址方式为以太网寻址。与基于串行链路通信的协议相比,Modbus TCP协议在数据传输速度、通信距离和网络互联方面具有明显优势。

6.2.1 Modbus TCP 网络拓扑

Modbus TCP/IP网络拓扑如图6-1所示。Modbus TCP协议的体系结构由Modbus TCP客户端和Modbus TCP服务器端两个主要实体构成。其中,Modbus TCP客户端对应于Modbus主站,Modbus TCP服务器端对应于Modbus从站。在Modbus TCP/IP网络中,除Modbus TCP客户端和Modbus TCP服务器端可以直接连接之外,串行链路的Modbus主站和Modbus从站可以通过路由器、网关等设备接入Modbus TCP/IP网络。这种灵活的连接方式使得网络拓扑结构变得多样化和可扩展。

在Modbus TCP通信中,Modbus TCP客户端扮演着主动的角色。具体而言,Modbus TCP客户端负责发起通信请求,每次请求都包含一个功能码,指示Modbus TCP服务器端执行特定的操作。这种主动性意味着Modbus TCP客户端在整个通信过程中具有控制权,它可以根据需要决定何时发送请求以及请

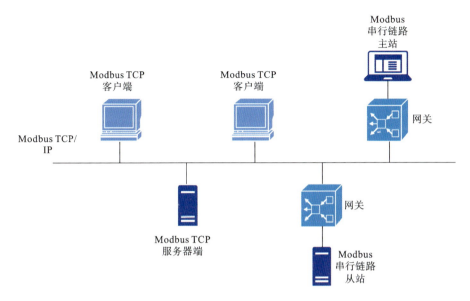

图 6-1 Modbus TCP/IP 网络拓扑

求的内容。Modbus TCP 服务器端则处于被动状态,仅在接收到 Modbus TCP 客户端的请求后才会进行相应的处理,并将处理结果返回给 Modbus TCP 客户端。

这种 Modbus TCP 客户端主动、Modbus TCP 服务器端被动的模式具有较多优点。首先,它简化了 Modbus TCP 服务器端的设计和实现,因为 Modbus TCP 服务器端只需响应请求而不需要主动管理通信。其次,这种模式有助于确保通信的可靠性和一致性,因为所有的操作都是由 Modbus TCP 客户端发起和控制的。Modbus TCP 客户端可以根据实际需求频繁地或有节奏地发送请求,确保系统在不同场景下的响应速度和效率。再次,这种主动性还带来了灵活性,Modbus TCP 客户端可以根据当前系统的状态和需求,自主决定发送请求的频率和内容。例如,在检测到某些关键参数变化时,Modbus TCP 客户端可以立即发送请求获取最新数据或触发相应的控制操作。这种灵活性使得 Modbus TCP/IP 网络能够适应多变的工业环境需求,提供实时监控和控制能力。

总体而言,Modbus TCP/IP 网络拓扑通过 Modbus TCP 客户端的主动性和 Modbus TCP 服务器端的被动响应机制,实现了高效、可靠和灵活的通信。利用 TCP/IP 协议的特性,Modbus TCP 不仅能够在局域网内进行通信,还能通过互联网实现远程监控,进一步增强了系统的功能,扩大了应用范围。

6.2.2　Modbus TCP 报文结构

Modbus TCP 报文结构如图 6-2 所示。

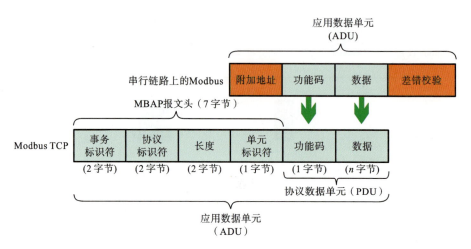

图 6-2　Modbus TCP 报文结构

在 Modbus 串行链路(如 RTU 和 ASCII 模式)中,报文结构包括附加地址、功能码、数据和差错校验四个主要字段。每个字段都有其特定的意义和作用。

附加地址字段占用 1 个字节,用于标识 Modbus 网络中的从站设备。主站通过这个地址确定消息的目标接收者,从站设备在接收到带有自己地址的请求时,会响应并进行相应处理。

功能码字段也占 1 个字节,指定要执行的操作类型,例如读写线圈状态或寄存器内容。根据功能码,从站设备能够理解主站所请求的具体操作类型。

数据字段的长度是可变的,包含与功能码相关的参数和实际数据。例如,在读写操作中,数据字段可能包含起始地址、寄存器数量以及具体的数据值。数据字段的内容因功能码不同而有所变化,它承载了通信的核心数据和操作参数。

差错校验字段用于确保数据的完整性和正确性。在 RTU 模式下,差错校验通常采用循环冗余校验(CRC),而在 ASCII 模式下则采用纵向冗余校验(LRC)。这个字段确保传输过程中的数据错误能够被检测到,从而提高通信的可靠性。

然而,在 Modbus TCP 协议中,附加地址和差错校验字段被抛弃。这是因为 Modbus TCP 采用了 TCP/IP 作为传输层协议。首先,TCP/IP 协议本身已经包含了错误检测和纠正机制,不再需要额外的差错校验字段。TCP 协议通过校验和、序列号和确认机制等确保了数据的完整性和正确传输,从而取代了 Modbus 串行链路中的 CRC 或 LRC 校验。其次,附加地址字段在 Modbus TCP 中也变得多余,因为 Modbus TCP 使用 IP 地址和端口号来标识和定位设备。每个设备在网络中有唯一的 IP 地址,可以通过 IP 地址直接定位目标设备,不再需要额外的从站地址字段。

在 Modbus TCP 协议中,功能码字段和数据字段组成协议数据单元(protocol data unit,PDU);事务标识符、协议标识符、长度和单元标识符字段组成 Modbus 应用协议(modbus application protocol,MBAP)报文头;MBAP 报文头和 PDU 统称为应用数据单元(application data unit,ADU)。具体来说,事务标识符占用 2 个字节,用于标记不同的通信消息,防止多条消息混淆。协议标识符占用 2 个字节,表示 Modbus TCP 协议,通常为"00 00"。长度字段占用 2 个字节,用于存储单元标识符、功能码和数据的长度。单元标识符字段占用 1 个字节,用于存储连接 Modbus TCP/IP 网络的串行链路设备的地址。功能码字段占用 1 个字节,表示 Modbus TCP 客户端想要在 Modbus TCP 服务器上执行的操作,包含写操作和读操作。数据字段则存放传输的关键数据。

在 Modbus 标准协议中,功能码总共分为三类:公用功能码、自定义功能码、保留功能码。公用功能码即经过 Modbus 协会确认,并提供了公开文档的功能码。公用功能码在文档中被明确定义,确保唯一。自定义功能码为各厂家(用户)自定义的功能码,不保证唯一性。保留功能码是在报文格式不规范的时候使用的一些功能码,现在已经不作为公共使用了。常用公用功能码及其功能如表 6-1 所示。

表 6-1 Modbus TCP 公用功能码及其功能

功能码	执行的操作
0x01	读线圈寄存器
0x02	读离散输入寄存器
0x03	读保持寄存器
0x04	读输入寄存器
0x05	写单个线圈寄存器
0x06	写单个保持寄存器
0x0F	写多个线圈寄存器
0x10	写多个保持寄存器

其中,线圈寄存器实际上可以类比为开关量(继电器状态),每一位对应一个信号的开关状态,1字节(8位)可以同时控制8路信号。线圈寄存器支持读也支持写,功能码包括:0x01(读线圈寄存器)、0x05(写单个线圈寄存器)和0x0F(写多个线圈寄存器)。离散输入寄存器主要用于读取开关量设备的状态,这些设备可以是按钮、传感器等。它相当于线圈寄存器的只读模式,即只支持读取操作,不支持写入。输入寄存器用于存储远程设备的输入数据,通常用于存储传感器等输入设备的数据,它与保持寄存器类似,但是只支持读而不能写,对应的功能码是0x04(读输入寄存器)。保持寄存器用于存储和读取远程设备的数据,通常用于存储控制参数、设备状态等信息。与线圈寄存器不同,保持寄存器的一个单位是2个字节宽。保持寄存器也是可读写的,写操作包括单个写(功能码0x06)和多个写(功能码0x10),读操作的功能码是0x03。

6.2.3 Modbus TCP 通信流程

在 Modbus TCP/IP 网络中,只有在 Modbus TCP 客户端首先向 Modbus TCP 服务器端发送指令请求后,Modbus TCP 服务器端才能响应 Modbus TCP 客户端。Modbus TCP 服务器端无法主动向 Modbus TCP 客户端发送消息。Modbus TCP 通信流程如图 6-3 所示。在报文正常的情况下,Modbus TCP 服

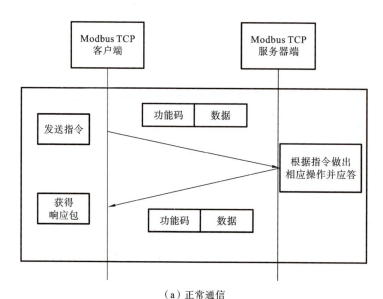

(a)正常通信

图 6-3 Modbus TCP 通信流程

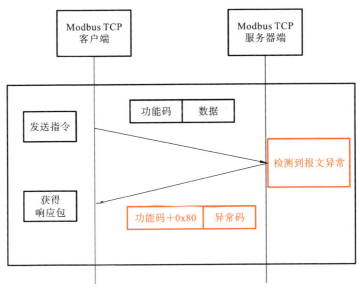

(b) 异常通信

续图 6-3

务器端会返回相同的功能码和对应的数据。但是 Modbus TCP 服务器端如果检测到报文异常，则会将功能码加上 0x80 并放置到功能码字段，并在功能码字段后面增加一个字节的异常码字段。异常码字段用来告诉 Modbus TCP 客户端报文异常的原因。

6.3 DNP3 协议

DNP3 由 Westronic 公司在 20 世纪末开发。它为 SCADA 系统中的主终端单元、远程终端单元及现场设备间的交流提供了一套标准化方案。DNP3 协议具有以下优点：是一个开放式协议，易于获得；具有高度的灵活性和开放性，不与特定的软件或硬件平台绑定；能够对数据进行优先级排序，简化了管理和处理过程；功能丰富，包括支持信息自动上报、主站与子站之间的时间同步、多主站操作以及对等网络操作等。本节将从 DNP3 协议的层次结构、通信方式、报文格式以及轮询模式等方面对该协议进行详细介绍。

6.3.1 DNP3 层次结构

在工业控制领域，由于带宽受限，通信协议需要具备极短的响应时间。因此,DNP3 协议借鉴 ISO 提出的 OSI 模型,采取了包含物理层、数据链路层和应用层的三层简化架构,此架构被称为性能增强架构(enhanced performance architecture,EPA)。EPA 的层次化设计既促进了系统软件编程的模块化,也提高了数据传输的可靠性。EPA 结构的核心思想是基于事件驱动的通信模式,这意味着通信是在事件触发的基础上进行的,通过这种模式,DNP3 能够在事件发生时快速传输数据和控制命令,从而优化监控和控制系统的运行。为了充分发挥高级 RTU 的功能,并实现数据链路层的最小报文处理,DNP3 协议在 EPA 的基础上增加了一个类似 OSI 模型中传输层功能的伪传输层。图 6-4 所示为 DNP3 层次结构、EPA 及 OSI 模型对比图。

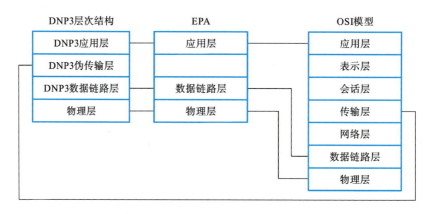

图 6-4 DNP3 层次结构、EPA 及 OSI 模型对比图

6.3.2 DNP3 通信方式

DNP3 协议基于一种简明的主-从式通信方式,主站作为控制中心,负责向从站下发命令、读取数据等操作,从站负责执行主站下发的指令并返回数据,可以简单地理解为主站进行请求,从站收到请求后返回响应。图 6-5 所示为 DNP3 通信方式。

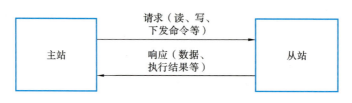

图 6-5 DNP3 通信方式

DNP3 协议典型的通信介质包括串行总线和以太网的方式。串行总线的方式是指使用串行通信协议在远程设备和控制中心之间建立起物理连接,以太网的方式是指使用特定的端口进行通信,这个端口号为 20000。DNP3 通信介质如图 6-6 所示。

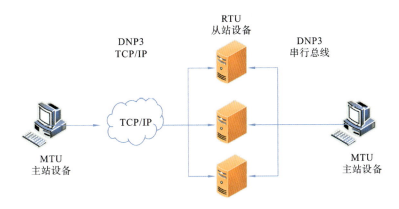

图 6-6　DNP3 通信介质

由于串行总线的方式只能通过通信电路接口实现,因此串行总线的方式需要在封闭的工业控制环境中使用,目前大部分工业控制系统的发展依赖互联网技术,该方式已经不能大规模使用。

使用以太网的方式进行 DNP3 通信是目前最好的办法,但这种方式与串行总线方式相比遭受网络攻击的风险更大,被攻击的方式更多,保障协议安全的难度也更高。

6.3.3　DNP3 报文格式

DNP3 由物理层、链路层、伪传输层和应用层四层结构组成,在网络结构上对其物理层并不做规定,因此本小节只对 DNP3 报文结构中的数据链路层、伪传输层和应用层进行分析。尽管 DNP3 报文结构看起来很复杂,但实际上它的报文结构非常有条理,从上到下分为 DNP3 链路层报文头、DNP3 伪传输层报文头、DNP3 应用层报文头和 DNP3 数据对象,每一层分工明确。DNP3 报文结构如图 6-7 所示。

1. DNP3 链路层

在 DNP3 通信协议中,链路层的功能与以太网中链路层的功能类似。该层的报文开始由一个固定的 2 字节起始字段定义,此字段的值设为 0x0564,这样

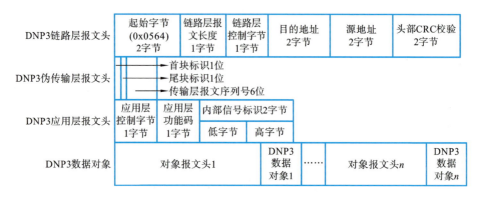

图 6-7　DNP3 报文结构

的设置有助于识别 DNP3 的数据包开头；然后是 1 字节的链路层报文长度字段，该字段用来标明后续数据包的长度，但该长度并不包括后续的 CRC 校验位；紧随其后的是 1 字节的链路层控制字节字段，该字段规定了数据帧传输方向、对数据帧传输的控制以及对链路层的操作控制，用于指导信息流动方向及定义数据帧的功能，如图 6-8 所示。方向位 DIR 标识报文的传输方向，源站标识位 PRM 表示报文是否由源站发送。当报文是请求报文时，帧计数有效位 FCV 指明是否需验证帧计数位 FCB 的准确性，仅在 FCV 设为 1 时，FCB 才具有意义；当报文是响应报文时，只存在数据流控制位 DFC 字段，负责管理数据流向。

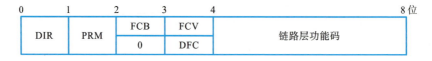

图 6-8　DNP3 链路层控制字节字段结构

DNP3 链路层控制字节字段的最后 4 位为链路层功能码，表 6-2、表 6-3 所示为主站发送的部分链路层功能码和从站发送的部分链路层功能码。

链路层控制字节字段之后是 2 字节的目的地址字段和 2 字节的源地址字段，当主站向从站发送命令时，从站的地址将写入目的地址中，主站本身地址写入源地址中。DNP3 链路层报文头的最后是 2 字节的 CRC 校验字段，以确保数据完整性。报文头之后的数据部分则被分割为每组 16 字节的数据块，并在每块数据后加入两字节的 CRC 校验字段，以进行错误检测。

表 6-2　主站发送的部分链路层功能码

功能码	类型	含义
0	SEND/期待响应	使远方链路复位
1	SEND/期待响应	使用户过程复位
2	SEND/期待响应	对链路的测试功能
3	SEND/期待响应	用户数据
4	SEND/不期待响应	非确认的用户数据
9	查询/期待响应	查询链路状态

表 6-3　从站发送的部分链路层功能码

功能码	类型	含义
0	确认	肯定的确认
1	确认	报文未收到
11	响应	链路的状态

2. DNP3 伪传输层

在 DNP3 协议中,伪传输层利用 1 字节的头部实现数据包的分割和重构。这个头部包括首块标识、尾块标识以及传输层报文序列号。首块和尾块标识用于指示某个分段是否是消息序列的开始或结束,传输层报文序列号用于将这些分段正确重组。当由单个分段构成有效载荷时,首块标识和尾块标识同时设为 1。

3. DNP3 应用层

当报文是请求报文时,DNP3 应用层报文头由 1 字节的应用层控制字节字段和 1 字节的应用层功能码字段组成,当报文是响应报文时,该报文会在上述基础上添加 2 字节的内部信号标识字段,该字段的每个位表示一个内部信号,可以实现控制、故障诊断和事件通知等功能,内部信号标识字段只在响应报文中出现,其主要作用是为响应提供附加的状态信息,使得主站可以更好地理解从站的传输状态和行为。

应用层控制字节字段包括控制信息,用于应用层数据帧的多分段拆分与重组,以指导数据帧的正确处理,如图 6-9 所示。

在应用层控制字节字段中,首个控制位是 FIR 位,大小为 1 位,用来指示传输帧是否为序列中的首帧。第二个控制位是 FIN 位,指示帧是否为应用层报文序列中的最后一帧。第三个控制位是 CON 位,用于指示响应站是否需要对原

图 6-9　应用层控制字节字段

发站的应用层报文做出回应。最后一个控制位是应用层报文序列号（SEQ），用于追踪数据帧序列，共有 32 个可能的序列号。序列号 0 至 15 用于主站请求及从站响应的计数，序列号 16 至 31 保留给从站对非请求的响应计数。不管是主站还是从站，每发送或接收一个应用层报文帧时，各自的 SEQ 都会自动递增。

DNP3 应用层功能码如表 6-4、表 6-5 所示。

表 6-4　主站部分请求功能码

功能码	类型	功能
0	确认	用于请求与响应报文分段的确认
1	读	请从站发送指定的对象
2	写	向从站存入指定的对象
5	直接操作	主站请求从站立即执行控制操作

表 6-5　从站部分响应功能码

功能码	类型	功能
0	确认	对报文分段进行确认，既用于请求也用于响应
129	响应	响应请求报文

应用层功能码提供了最多 256 种功能设置。其主要作用是定义应用层数据帧的具体目标或作用，涵盖了 DNP3 主站请求和 DNP3 从站响应数据帧的 130 个具体功能。剩余未指定的功能码范围可用于将来的功能扩展。本小节所设计的 DNP3 安全协议在身份认证阶段使用了功能码为 5 的直接操作功能，将其作为身份认证指定请求功能码，使用了功能码为 1 的读操作功能，将其作为数据传输指定请求功能码。

DNP3 应用层报文头之后是 DNP3 数据对象，该部分由数据对象报文头以及具体数据组成。数据对象报文头结构如图 6-10 所示。

在 DNP3 协议中，数据对象的类型由 1 字节的数据对象组和 1 字节的对象变体共同定义，以便在 DNP3 对象域内传输特定的数据。如表 6-6 所示，这种组合方式允许协议精确指定和传输各种数据类型，满足不同设备的特定需求。限

| 数据对象组
1字节 | 对象变体
1字节 | 限定符
1字节 | 范围可变长度 | 数据对象可变长度 |

图 6-10 DNP3 数据对象报文头

定符字段占用 1 个字节，用于确定对象的索引结构，该字段包含 2 个子字段，分别为对象前缀代码字段和范围指定符代码字段，前者用于表示每个对象是否使用特定长度或大小的索引作为前缀，后者用于指定范围内的字段类型，确定该范围内对象的数量。这种细致的结构安排确保了 DNP3 协议能够以灵活、高效的方式处理广泛的数据类型和结构，满足复杂的工业通信需求。

表 6-6 DNP3 部分数据对象组及对象变体号

类别	组号	变体号	功能
模拟输出	30	01/02	32/16 位模拟输出块
模拟输出	41	01/02	32/16 位模拟输出块
类	60	01	CLASS 0 类数据
类	60	02	CLASS 1 类数据
类	60	03	CLASS 2 类数据
类	60	04	CLASS 3 类数据

6.3.4 DNP3 轮询模式

DNP3 轮询模式是主站和从站之间数据交换的关键通信机制，可通过主动的请求-响应模式实现数据的实时更新和控制命令的传输。这种机制特别强调了数据管理的灵活性和网络资源的高效使用。在实施过程中，类轮询的应用尤其广泛，因为它通过将数据分级，允许主站根据数据的重要性和实时性需求来优先请求特定类别的数据。这种分级方法不仅提高了通信的效率，还确保了关键信息能够被优先处理。

利用类轮询，DNP3 主站可以细化其数据请求，比如仅请求最近发生变化的数据，以减少不必要的数据传输，优化网络带宽的使用，并减轻从站的处理负担。这对于大规模系统中的数据管理尤为重要，可以显著提高系统的整体性能和响应能力。

轮询策略的设计考虑到了应用场景的多样性和网络环境的复杂性，可以通过调整轮询频率和优先级来灵活应对不同的运营需求和网络条件。例如，在关键设备的监测上实施更频繁的轮询，或在网络闲时进行更全面的数据同步，都是优化策略的一部分。此外，通过对轮询过程的细致规划，可以确保在网络容量受限时，仍能保持关键数据的实时更新，确保系统的可靠性和稳定性。图 6-11 所示为 DNP3 轮询模式。

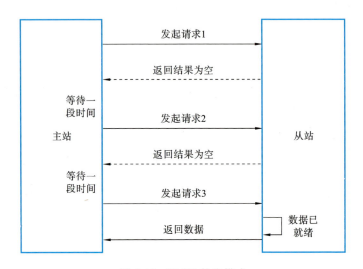

图 6-11　DNP3 轮询模式

6.4　基于国密的 Modbus TCP 安全协议

Modbus TCP 协议作为一种简单、开放、轻量的协议常用于本地工业控制环境下管理和控制自动化设备之间的数据通信。本节提出一种基于国密算法的 Modbus TCP 安全通信协议。首先，利用预共享密钥的方式实现轻量的双向身份认证。其次，在不改变协议规则的前提下，修改 Modbus TCP 协议报文使其具备安全特性。再次，利用 SM4 算法和 SM3 算法保证数据域的安全性和完整性。最后，使用时间戳的方式实现协议的防重放机制。

6.4.1　Modbus TCP 协议安全隐患

传统 Modbus TCP 协议存在如下安全隐患。

（1）缺乏双向身份认证机制。在传统的 Modbus TCP 协议中，任何终端只要知道 Modbus TCP 服务器的 IP 地址就可以对其发起连接请求，而无须进行身份认证。一方面，攻击者可以冒充合法 Modbus TCP 客户端连接 Modbus TCP 服务器端并向其发送虚假指令和数据，非法获取 Modbus TCP 服务器端返回的关键工业控制信息。另一方面，攻击者可以冒充合法 Modbus TCP 服务器端接收 Modbus TCP 客户端的连接，并向其返回虚假信息。无论是哪种情况，都会造成未经授权的信息访问，导致敏感信息的泄露和资源的浪费。

（2）缺乏数据安全传输机制。Modbus TCP 协议中最关键的字段为功能码字段和数据字段，通信双方根据功能码和数据字段做出相应的操作。一方面，传统的 Modbus TCP 协议中的功能码和数据字段均以明文传输，攻击者可以通过中间人攻击轻易获取这些敏感数据，造成数据泄露。另一方面，传统的 Modbus TCP 协议缺乏数据完整性验证机制，接收方接收到消息后直接进行操作，因此，攻击者可以恶意篡改这些敏感消息。一旦数据被恶意篡改，接收方将获取到虚假数据或执行虚假命令，导致资源浪费甚至设备或系统崩溃等问题。

（3）缺乏防重放攻击机制。重放攻击是指向接收方重复发送相同的数据包，导致接收方根据接收的数据包重复执行相同而无意义的操作，造成资源的浪费。即使在加密环境中攻击者无法获取通信过程中的敏感数据，但是如果协议缺乏防重放攻击机制，攻击者就可以在获取到加密数据后向接收方重复发送，造成 Modbus TCP 设备资源的浪费甚至崩溃。

6.4.2　Modbus TCP 安全通信协议

表 6-7 展示了本章所提 Modbus TCP 安全通信协议整体流程中所使用的全部符号及其相关含义。

表 6-7　符号含义

符号	描述
PSK	客户端与服务器端之间的预共享密钥
R_m	客户端生成的随机数
R_s	服务器端生成的随机数
Key	安全会话密钥
‖	连接操作
$E()$	SM4 算法加密
$D()$	SM4 算法解密
$H()$	SM3 密码杂凑算法

续表

符号	描述
$H()_{16}$	杂凑值的前 16 字节
C	密文
H	杂凑值

1. 系统架构

本节提出的 Modbus TCP 安全通信协议包括两个阶段：双向身份认证和密钥生成阶段、数据安全传输阶段。Modbus TCP 安全通信协议的系统架构如图 6-12 所示。

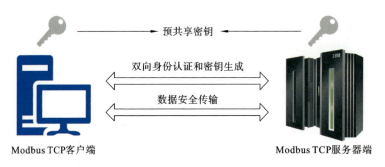

图 6-12　Modbus TCP 安全通信协议系统架构

2. 双向身份认证和密钥生成阶段

在双向身份认证和密钥生成阶段，Modbus TCP 服务器端可以识别连接的 Modbus TCP 客户端是否合法，Modbus TCP 客户端可以识别是否与目标 Modbus TCP 服务器端相连。二者使用 Modbus TCP 客户端和 Modbus TCP 服务器端之间提前约定的预共享密钥 PSK 结合 SM3 密码杂凑算法和 SM4 对称加密算法实现双向身份认证。一旦认证通过，双端将生成一个共同的会话密钥用于后续数据安全传输阶段的安全防护。

双向身份认证和密钥生成阶段通信流程如图 6-13 所示。

具体通信流程如下：

（1）Modbus TCP 客户端通过随机数发生器生成一串 16 字节的随机数 R_m，并以预共享密钥 PSK 连接 R_m 作为 SM3 密码杂凑算法的输入，来计算杂凑值 H_{m1}，然后利用 PSK 加密数据形成密文 C_m。最后，Modbus TCP 客户端将密文 C_m 发送至 Modbus TCP 服务器端。

第 6 章 基于国密的工控安全协议

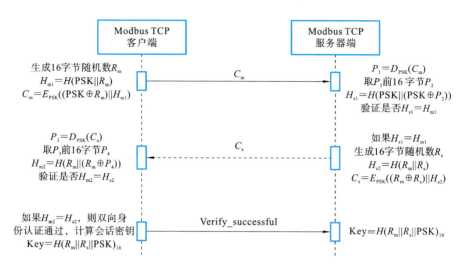

图 6-13 双向身份认证和密钥生成阶段通信流程

$$H_{m1} = H(PSK \parallel R_m)$$

$$C_m = E_{PSK}((PSK \oplus R_m) \parallel H_{m1})$$

(2) Modbus TCP 服务器端接收到消息后,使用预共享密钥 PSK 对 C_m 解密获得明文 P_1,然后将 PSK 与 P_1 的前 16 字节 P_2 做异或运算,最后以 PSK 连接异或运算结果作为 SM3 密码杂凑算法的输入来计算杂凑值 H_{s1}。如果 H_{s1} 等于 H_{m1},则证明 Modbus TCP 客户端身份合法,否则,丢弃该消息。

$$P_1 = D_{PSK}(C_m)$$

$$H_{s1} = H(PSK \parallel (PSK \oplus P_2))$$

(3) Modbus TCP 客户端通过认证后,Modbus TCP 服务器端生成一个 16 字节的随机数 R_s,并以 R_m 连接 R_s 作为 SM3 密码杂凑算法的输入来计算杂凑值 H_{s2},然后利用 PSK 加密数据形成密文 C_s。最后,Modbus TCP 服务器端将密文 C_s 发送至 Modbus TCP 客户端。

$$H_{s2} = H(R_m \parallel R_s)$$

$$C_s = E_{PSK}((R_m \oplus R_s) \parallel H_{s2})$$

(4) Modbus TCP 服务器端接收到消息后,使用预共享密钥 PSK 对 C_s 解密获得明文 P_3,然后将 R_m 与 P_3 的前 16 字节 P_4 做异或运算,最后以 R_m 连接异或运算结果作为 SM3 密码杂凑算法的输入来计算杂凑值 H_{m2}。如果 H_{m2} 等于 H_{s2},则证明 Modbus TCP 服务器端为目标服务器,并向 Modbus TCP 服务器端发送"Verify_successful"消息,否则,丢弃该消息。

$$P_3 = D_{PSK}(C_s)$$
$$H_{m2} = H(R_m \| (R_m \oplus P_3))$$

(5) 若 Modbus TCP 客户端与 Modbus TCP 服务器端之间的双向身份认证通过,则双方协商一个共同的会话密钥 Key 用于后续数据安全传输阶段的关键数据加密。

$$\text{Key} = H(R_m \| R_s \| \text{PSK})_{16}$$

3. 数据安全传输阶段

在数据安全传输阶段,安全协议在不改变 Modbus TCP 协议规则的前提下,将传统的 Modbus TCP 报文改进为安全增强的报文。如图 6-14 所示,在传统的 Modbus TCP 报文中增加了时间戳字段和消息认证码字段用于防重放攻击和消息完整性验证。安全协议利用 SM4 算法和 SM3 算法对关键数据进行安全防护,防止攻击者通过中间人攻击恶意获取和篡改数据。此外,虽然密文传输可以防止中间人攻击,但是攻击者仍然可以通过重放攻击导致资源浪费。考虑到 Modbus TCP 协议常用于本地工业控制数据通信,其通信双方可以做到时间同步,故本章所提安全协议利用时间戳的方式实现防重放攻击。

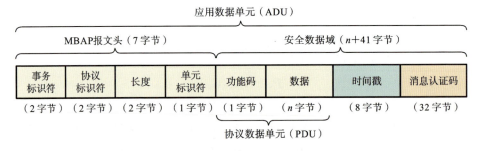

图 6-14 安全增强的 Modbus TCP 协议报文

数据安全传输阶段发送方操作流程如图 6-15 所示。

发送方(以 Modbus TCP 客户端为例)具体操作流程如下:

(1) Modbus TCP 客户端获取当前系统时间,将时间戳添加到安全增强的 Modbus TCP 报文的时间戳字段中。

(2) Modbus TCP 客户端利用 SM4 算法,通过会话密钥 Key 对功能码、数据和时间戳字段加密,并将密文放入安全报文的相应位置。

$$C_{PT} = E_{Key}(\text{FunctionCode} \| \text{Data} \| \text{Timestamp})$$

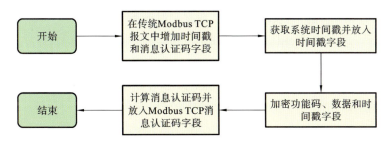

图 6-15 发送方操作流程

（3）Modbus TCP 客户端将 C_{PT} 和 Key 连接后作为 SM3 密码杂凑算法的输入，生成杂凑值 H_{m3}，并将其放入 Modbus TCP 安全增强报文消息认证码字段。

$$H_{m3}=H(C_{PT}\parallel Key)$$

接收方（以 Modbus TCP 服务器端为例）操作流程如图 6-16 所示。

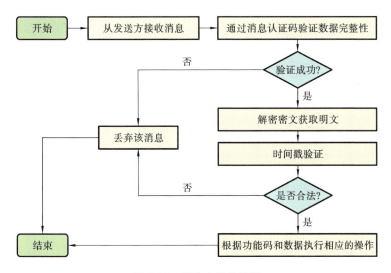

图 6-16 接收方操作流程

具体操作流程如下：

（1）Modbus TCP 服务器端将 C_{PT} 和 Key 连接后作为 SM3 密码杂凑算法的输入，生成杂凑值 H_{s3} 并对比 H_{m3} 和 H_{s3}。如果相同，就证明消息的来源是可信的且消息没有被恶意篡改，否则，该消息将被丢弃。

$$H_{s3}=H(C_{PT}\parallel Key)$$

(2) 若消息完整性验证通过,Modbus TCP 服务器端使用 SM4 算法通过会话密钥 Key 对 C_{PT} 解密,获取功能码、数据和时间戳。

$$\text{FunctionCode} \parallel \text{Data} \parallel \text{Timestamp} = D_{\text{Key}}(C_{\text{PT}})$$

然后将接收到的时间戳与系统时间戳对比,如果超出了合理范围,则该消息被认为是重放消息并丢弃。否则,Modbus TCP 服务器端通过功能码和数据字段执行相应的操作。

6.4.3 安全性分析

1. 双向身份认证和密钥生成阶段

在此阶段,Modbus TCP 客户端和 Modbus TCP 服务器端使用预共享密钥并结合 SM4 算法、SM3 算法和异或运算进行相互认证和密钥生成。如果身份验证失败,则断开连接。

首先,由于预共享密钥 PSK 是安全的,只存放在合法的 Modbus TCP 客户端和 Modbus TCP 服务器端,因此,在此阶段传输的密文 C_m 和 C_s 都是安全的,即使攻击者通过中间人攻击获取到密文,由于没有预共享密钥 PSK,也无法解密获得明文。

其次,Modbus TCP 服务器端获取到 C_m 后解密获得明文 P_1。如果 C_m 没有被恶意篡改且 Modbus TCP 客户端是合法的,那么 $P_1 = (\text{PSK} \oplus R_m) \parallel H_{m1}$,令 P_2 为 P_1 的前 16 字节。根据异或运算的可逆性,此时 Modbus TCP 服务器端使用预共享密钥 PSK 与 P_2 做异或运算得到的结果为 Modbus TCP 客户端生成的随机数 R_m。Modbus TCP 服务器端以和 Modbus TCP 客户端相同的输入生成杂凑值 H_{s1},将其与 H_{m1} 对比,此时 H_{s1} 和 H_{m1} 应是相等的。如果 H_{s1} 和 H_{m1} 不相等,则有以下几种可能。

(1) Modbus TCP 双端中 SM3 杂凑算法的输入预共享密钥和随机数都不相同。出现这种情况的原因是 Modbus TCP 客户端身份不合法。当攻击者冒充合法身份连接 Modbus TCP 服务器端时,由于无法获取正确的预共享密钥 PSK,导致双端中 SM3 杂凑算法的前半部分不同。由于加解密密钥不同,因此 Modbus TCP 服务器端计算的随机数与攻击者生成的随机数 R_m 不匹配。

(2) Modbus TCP 双端中 SM3 杂凑算法的输入预共享密钥相同但是随机数不相同。出现这种情况的原因是密文 C_m 被攻击者恶意篡改。由于 C_m 被篡改,因此尽管加解密密钥相同,密文也无法解密恢复为正确的明文,导致 Modbus TCP 服务器端计算的随机数与攻击者生成的随机数 R_m 不匹配。

无论出现上述哪种情况,都认为 Modbus TCP 客户端身份认证失败。

再次,如果 Modbus TCP 客户端身份认证通过,则 Modbus TCP 服务器端返回密文 C_s。Modbus TCP 客户端获取 C_s 后解密得到明文 P_3。如果 C_s 没有被恶意篡改且为目标 Modbus TCP 服务器,那么 $P_3 = (R_m \oplus R_s) \| H_{s2}$,令 P_4 为 P_3 的前 16 字节。根据异或运算的可逆性,此时 Modbus TCP 客户端使用本地生成的随机数 R_m 与 P_4 做异或运算得到的结果为 Modbus TCP 服务器端生成的随机数 R_s。然后 Modbus TCP 服务器端以和 Modbus TCP 客户端相同的输入来生成杂凑值 H_{m2},并与 H_{s2} 对比,此时 H_{m2} 和 H_{s2} 应是相等的。如果 H_{m2} 和 H_{s2} 不相等,则有以下几种可能。

(1) Modbus TCP 双端中 SM3 密码杂凑算法的输入 Modbus TCP 客户端随机数和 Modbus TCP 服务器端随机数都不相同。出现这种情况的原因是 Modbus TCP 服务器端身份不合法。当攻击者冒充合法身份诱导 Modbus TCP 客户端连接并尝试返回消息时,由于无法获取正确的预共享密钥 PSK,导致攻击者计算的随机数与 Modbus TCP 客户端生成的随机数 R_m 不匹配。由于加解密密钥不同,因此 Modbus TCP 客户端计算的随机数与攻击者生成的随机数 R_s 不匹配。

(2) Modbus TCP 双端中 SM3 密码杂凑算法的输入 Modbus TCP 客户端随机数相同但是 Modbus TCP 服务器端随机数不相同。出现这种情况的原因是密文 C_s 被攻击者恶意篡改。由于 C_s 被篡改,因此尽管加解密密钥相同,密文也无法解密恢复为正确的明文,导致 Modbus TCP 客户端计算的随机数与攻击者生成的随机数 R_s 不匹配。

无论出现上述哪种情况,都认为 Modbus TCP 服务器端身份认证失败。

最后,当双向身份认证通过后,双方将生成一个共同的会话密钥用于后续数据安全传输阶段的安全防护。而生成会话密钥的组件均为攻击者无法获取的参数:Modbus TCP 客户端生成的随机数 R_m、Modbus TCP 服务器端生成的随机数 R_s 和预共享密钥 PSK。

2. 数据安全传输阶段

在此阶段,Modbus TCP 客户端向 Modbus TCP 服务器端发送安全报文,通过国密算法实现关键数据加密和完整性验证等。

首先,利用 SM4 加密算法使用上一阶段生成的会话密钥 Key 对功能码、数据和时间戳字段加密。由于只有通过双向身份认证的双端才能够生成正确的会话密钥,因此加密操作可以有效保护关键数据不被攻击者非法获取。

其次，利用 SM3 杂凑算法验证数据完整性。接收方将密文 C_{PT} 和会话密钥 Key 连接后作为 SM3 杂凑算法的输入计算杂凑值并对比消息认证码字段中的值，如果相同，则解密该消息，否则丢弃该消息。这是由于密文 C_{PT} 为 SM3 杂凑算法的输入参数之一，因此若密文被攻击者恶意篡改，则接收方计算的 SM3 杂凑值和消息认证码不相同。如果仅对密文 C_{PT} 做杂凑处理，由于消息认证码以明文传输，因此若攻击者篡改密文 C_{PT}，则利用 SM3 算法对其做杂凑处理并将得到的杂凑值替换消息认证码字段中的值，会导致数据完整性验证失效。以会话密钥 Key 作为 SM3 杂凑算法的另一个输入参数，尽管攻击者篡改了密文消息，也无法生成正确的消息认证码。

最后，利用时间戳的方式实现消息防重放攻击。以当前网络环境规定时间戳为合理范围，若发送的时间戳在合理范围之内，则接收该消息，否则判定为重放消息并丢弃。由于时间戳以密文的方式传输，一旦被攻击者篡改，则数据完整性验证无法通过，丢弃该消息。

6.4.4 仿真实验

1. 实验结果

本实验中具体的软件环境与硬件环境如表 6-8 所示。

表 6-8 软件环境与硬件环境

软/硬件配置项	Modbus TCP 客户端	Modbus TCP 服务器端
内存	16 GB	8 GB
CPU	Intel(R) Core(TM) i5-12500H	Intel(R) Core(TM) i5-12500H
编程语言	C++	C++
应用软件	Visual Studio 2022	Visual Studio 2022
操作系统	Windows 11 家庭中文版 64 位 OS	Windows Server 2019 64 位 OS

本节依照安全协议通信流程进行仿真实验。其中，图 6-17(a)为安全协议双向身份认证和密钥生成阶段 Modbus TCP 客户端的操作结果。图 6-17(b)为安全协议双向身份认证和密钥生成阶段 Modbus TCP 服务器端的操作结果。如图 6-17 所示，Modbus TCP 客户端和 Modbus TCP 服务器端的预共享密钥为"00 01 02 03 04 05 06 07 00 01 02 03 04 05 06 07"，在双向身份认证都通过后，双方协商出一个 SM4 会话密钥"00 53 54 09 35 3C 0D 5B 7C F5 25 0F A7

67 8D 29"用于数据安全传输阶段关键数据的加解密。

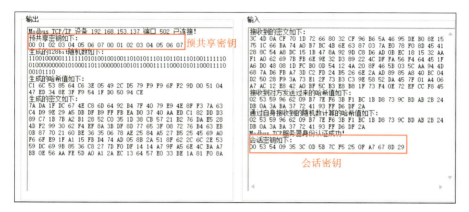

（a）Modbus TCP 客户端

（b）Modbus TCP 服务器端

图 6-17 Modbus TCP 安全协议双向身份认证和密钥生成阶段仿真实验

在数据安全传输阶段，利用 Wireshark 软件抓取 Modbus TCP 数据包以清楚地显示本章所提安全协议在数据安全传输阶段的效果。以功能码 03，数据"0111011000"为例进行说明。其中，图 6-18（a）为传统 Modbus TCP 协议传输的报文，图 6-18（b）为本章所提安全协议在数据安全传输阶段传输的报文。

传统 Modbus TCP 通信采用明文方式传输数据，这意味着攻击者可以轻易获取功能码、数据等关键信息并进行恶意篡改，因此，此时协议是不安全的。在图 6-18（b）所示的报文中，功能码和数据已经被安全加密，攻击者仅能截获到一串包含数据密文、消息认证码和时间戳的字符串。而由于只有通过双向身份认证的终端才拥有可以解密该消息的会话密钥 Key，因此，攻击者无法获取关键数据。此外，由于安全协议使用的消息认证码在数据完整性验证过程中使用了会话密钥 Key，因此，攻击者修改截获的数据后无法生成一个可有效欺骗数据接收方的消息验证码。

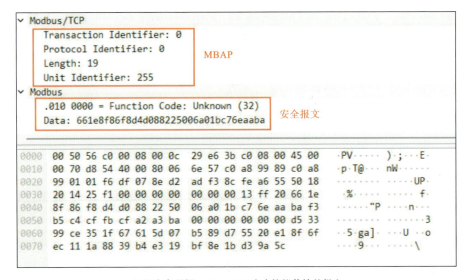

（a）传统 Modbus TCP 协议传输的报文

（b）本章所提 Modbus TCP 安全协议传输的报文

图 6-18　Modbus TCP 数据传输实验结果

2. 计算开销

为了确保实验的准确性，本节分别在双向身份认证和密钥生成与数据安全传输阶段进行 50 次实验以统计计算开销，并取其平均值作为最终的结果。此外，本节将本章所提安全协议与其他安全方案进行定量和定性的对比。图 6-19

(a)展示了 Modbus TCP 客户端和 Modbus TCP 服务器端在双向身份认证和密钥生成阶段的计算开销。图 6-19(b)展示了 Modbus TCP 客户端和 Modbus TCP 服务器端在数据安全传输阶段的计算开销。为了方便展示,以 5 次实验为一组,每进行一组实验便计算该组的平均计算开销并展示在统计图中,统计图横坐标为实验组数,纵坐标为计算开销。

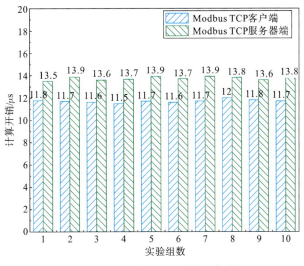

(a)双向身份认证和密钥生成阶段

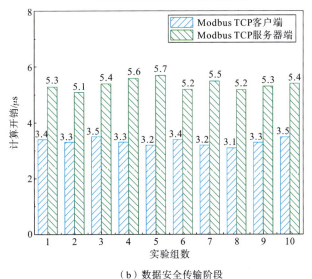

(b)数据安全传输阶段

图 6-19 计算开销

实验结果表明,在双向身份认证和密钥生成阶段,Modbus TCP 客户端的平均计算开销为 11.71 μs,Modbus TCP 服务器端的平均计算开销为 13.74 μs。在数据安全传输阶段,Modbus TCP 客户端的平均计算开销为 3.32 μs,Modbus TCP 服务器端的平均计算开销为 5.37 μs。

6.5 基于国密的 DNP3 安全协议

6.5.1 DNP3 协议安全隐患

DNP3 协议经常用于 SCADA 系统中,但 DNP3 协议在设计时缺少有效的认证与加密措施,并且存在信息泄露、数据篡改、认证授权不足等问题,导致 SCADA 系统中留下了许多的安全漏洞,面临严峻的安全风险。本节将从协议结构和通信过程这两个方面阐述 DNP3 协议的安全问题,并针对 DNP3 协议设计中固有的安全特性及其潜在的安全漏洞进行分析。

1. 针对协议结构对 DNP3 协议进行安全分析

(1) DNP3 协议的链路层中存在目的地址、源地址两个字段,由这两个地址表示主从站,但这种地址并不能让主从站相互认证,不能确定发送方是否合法,因此如果攻击者截获了主站向从站发送的报文,并通过修改功能码的方式就可能导致对话中断,甚至让本该正常工作的从站停止工作,影响正常的数据传输。

(2) DNP3 协议中主站与从站交换的命令或者数据都是明文的形式,这样攻击者可以伪装成主站从而窃取从站发来的重要数据,或者伪装成从站发送错误的数据,一旦攻击者入侵成功,就可能造成极其严重的影响。

(3) DNP3 报文中,每个数据块都包含一个校验码,但该校验码只能检查数据传输时是否正确,如果攻击者修改了数据,并且同样修改了校验码,则收到数据的一方并不能检查出数据是否正确。

综上三点所述,DNP3 协议缺少认证机制、加密机制以及完整性保护。

2. 针对通信过程对 DNP3 协议进行安全分析

通信过程中,DNP3 协议易受到以下网络攻击威胁:

1) 消息篡改攻击

攻击者截获到主站向从站发送的报文时,将其中的源地址修改为攻击者地址,则从站就会将数据发送给攻击者;攻击者截获到主站向从站发送的报文时,若修改应用层或者链路层的功能码,要求从站关闭,则将导致主站收不到从站的消息。

2）重放攻击

攻击者截获到主站向从站发送的报文,将该报文原封不动地一直发送给从站,导致从站只能进行执行该报文、向主站发送数据等操作,不仅让主站收到无用的消息,同样使从站无法执行其他命令,影响正常工作;攻击者截获到从站向主站发送的正确报文时,将该报文原封不动地一直发送给主站,当从站中的数据发生改变时,主站只能收到以前的数据,并不知道数据发生了改变。

3）中间人攻击

攻击者可以伪造主站发送给从站的报文,包含错误指令,导致从站发生异常,甚至停止工作,同时关闭异常信息传回主站的功能。此外,攻击者还可以伪造从站向主站发送的虚假请求报文,造成工业控制系统异常运行。另一种可能的攻击方式是修改报文中的功能代码,从而对主站或从站进行攻击,导致设备关闭或系统瘫痪,进而引发服务中断。

4）窃听攻击

当用户数据与控制指令以明文方式传送时,攻击者可以轻易截获通信地址,并对系统传输的信息进行监听,进而窃取重要的报文数据。窃听攻击具有隐秘性,其仅通过监听系统信息,窃取数据但不干扰系统的正常运作,因此管理员往往难以察觉这种攻击,从而难以在早期采取有效措施进行干预。

5）拒绝服务攻击

在使用 DNP3 进行通信时,单个或多个设备甚至系统可能因网络过载或资源被持续占用而失去响应能力或变得不可用,这可能是由攻击者通过不断向现场设备发送指令或使用伪造流量干扰网络,来执行拒绝服务攻击造成的。当网络链路过载时,拒绝服务攻击较容易被发现。然而,若攻击以分散方式针对现场设备,导致设备似乎在正常操作范围内发生故障,这种攻击就难以被检测。

6.5.2　DNP3 安全通信协议

本节设计的 DNP3 安全协议,引入了最新的加密技术和身份认证机制,不仅能够保证数据传输的安全性和完整性,同时也能有效防御各种网络攻击,确保系统的高度安全、可靠。并且本协议采用了与国家标准相符合的国密算法 SM3 和 SM4,进一步增强了协议的实用性和适用范围。

本节所使用的符号含义如表 6-9 所示。

表 6-9 使用符号说明

参数	含义
K_{mi}	预共享密钥
K_{si}	协商会话密钥
T_i	时间戳
H_i	经过 SM3 算法得到的哈希值
$MH_{Chalg/Response/Response2}$	挑战/响应报文头
C_i	经过 SM4 算法加密后的密文
P_i	H_i 前 64 位
N_c	客户端生成的随机数
N_s	服务器生成的随机数
ΔT	时间差
$E(\ )$	使用 SM4 算法加密
$D(\ )$	使用 SM4 算法解密
$H(\ )$	使用 SM3 算法哈希
data	数据
ori	异或值
$\oplus$	异或运算
$\|$	连接

本协议包括配置阶段、身份认证阶段、数据传输阶段以及断开连接阶段四个阶段。

1. 配置阶段

在配置阶段中,主站和从站会被分配一个唯一的 128 位 SM4 密钥(K_{mi}, $i=1,2,3,\cdots$),双方也会分别记录对方的地址,当需要发送报文时,该地址会被填入 DNP3 链路层中的源地址或者目的地址。本协议规定主站若发送 Analog 类型的数据且功能码为 DirectOperate,则表明主站正在请求身份认证。若为 read 命令,且主站的请求方式是轮询模式,则标志着主站向从站请求数据。

在身份认证阶段之前,主站和从站需要先在 TCP 20000 端口进行监听,实现 TCP 三次握手以完成连接。

2. 身份认证阶段

本节设计的 DNP3 安全协议使用一对握手消息实现主站和从站之间的身份认证,首先主站将身份认证所需的数据放入 DNP3 应用层的数据对象字段,以此向从站发出身份认证挑战,从站收到该报文时验证主站的身份来完成该挑战,并响应主站,该响应中也包含从站向主站发出的身份认证挑战,主站完成该挑战以验证从站的身份,并使用其间传递的随机数作为新的密钥进行之后的数据传输。图 6-20 所示为本协议的身份认证阶段图。

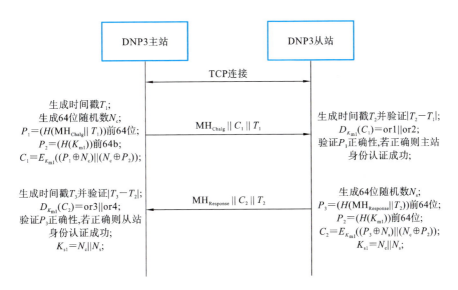

图 6-20 身份认证阶段图

具体步骤如下:

(1) 主站获取当前时间 T_1,大小为 4 字节,将挑战的报文头与 T_1 连接并使用 SM3 算法求出哈希值

$$H_1 = H(\text{MH}_{\text{Chalg}} \| T_1)$$

取 H_1 的前 64 位为明文 P_1,取出与将要通信的从站约定好的预共享密钥 K_{m1},使用 SM3 算法对 K_{m1} 进行哈希运算得到哈希值

$$H_2 = H(K_{m1})$$

取 H_2 的前 64 位为明文 P_2,此时主站生成 64 位随机数 N_c,并将 P_2 与 N_c

连接后进行保存。将 P_1 与 N_c 的异或值和 N_c 与 P_2 的异或值进行连接并且用 K_{m1} 进行加密,得到密文

$$C_1 = E_{K_{m1}}((P_1 \oplus N_c) \| (N_c \oplus P_2))$$

主站将 C_1 和 T_1 放在挑战报文的数据对象中,以 Analog 形式发送给从站,向从站请求身份认证,并且在 DNP3 链路层报文头的源地址与目的地址中分别填入此前已经约定好的各自的地址,功能码设为 DirectOperate,发送身份认证请求报文。

(2) 从站接收到该请求后,发现主站传来的是 Analog 形式的数据,准备进行身份认证,获取当前时间 T_2,并取出数据对象中的 T_1,计算时间差

$$\Delta T = |T_2 - T_1|$$

检查 ΔT 是否在规定的时间范围内,如果在,则取出挑战报文中 DNP3 链路层报文头的源地址,若该主站地址存在从站中,则取出该地址对应的预共享密钥 K_{m1},用 K_{m1} 解密 C_1 得到明文 or1 和 or2,同样使用 SM3 算法对 K_{m1} 进行哈希运算得到 H_2。取 H_2 的前 64 位为明文 P_2。将 P_2 与 or2 进行异或运算,将得到的异或运算值再与 or1 进行异或运算得到 P_1。取出挑战报文中的报文头与 T_1 进行连接并求出哈希值

$$H_3 = H(MH'_{Chalg} \| T_1)$$

取 H_3 的前 64 位为明文 P'_1,验证 P'_1 和 P_1 是否相等,如果相等,则从站验证了主站的身份,也得到了主站传来的随机数 N_c,此时从站要对该主站的源地址进行标记,表明该地址已经通过了身份认证。

然后从站将响应报文的报文头与 T_2 连接并使用 SM3 算法求出哈希值

$$H_4 = H(MH_{Response} \| T_2)$$

取 H_4 的前 64 位为明文 P_3,此时从站生成 64 位随机数 N_s,将 N_c 与 N_s 进行连接得到新的会话密钥 K_{s1},并保存。然后将 P_3 与 N_s 的异或值和 N_s 与 P_2 的异或值进行连接并且用 K_{m1} 进行加密,得到密文

$$C_2 = E_{K_{m1}}((P_3 \oplus N_s) \| (N_s \oplus P_2))$$

从站将 C_2 和 T_2 放在响应的数据对象中,也以 Analog 形式发送给从站,标志着已经完成了对主站的身份认证,请求主站验证自己的身份,并且在 DNP3 链路层报文头的源地址与目的地址中分别填入此前已经约定好的各自的地址,发送响应报文。

(3) 主站接收到响应后,获取当前时间 T_3,计算时间差

$$\Delta T = |T_3 - T_2|$$

检查 ΔT 是否在规定的时间范围内,如果在,则使用预共享密钥 K_{m1} 解密 C_2 得到明文 or3 和 or4,将 P_2 与 or4 进行异或运算,将得到的异或值再与 or3 进行异或运算得到 P_3。取出响应报文中的报文头与 T_2 进行连接并求出哈希值

$$H_5 = H(\text{MH}'_{\text{Response}} \| T_2)$$

取 H_5 的前 64 位为明文 P'_3,验证 P'_3 和 P_3 是否相等,如果相等,则主站验证了从站的身份,也得到了从站传来的随机数 N_s。最后从站将 N_c 与 N_s 进行连接得到新的会话密钥 K_{s1},并保存。身份认证阶段结束,进入数据传输阶段。

3. 数据传输阶段

图 6-21 所示为本协议的数据传输阶段图。

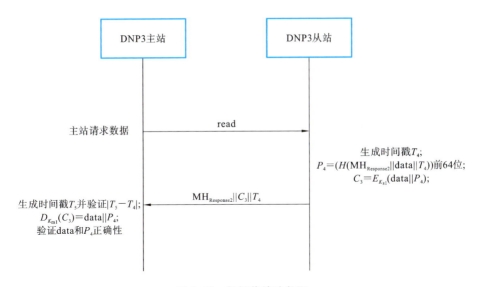

图 6-21 数据传输阶段图

具体步骤如下:

(1) 主站向从站采用轮询模式发送 read 命令以请求数据,该请求报文要求将 DNP3 链路层报文头中的源地址及目的地址分别填入双方事先约定好的地址。

(2) 从站获取时间 T_4,验证主站发来的报文 DNP3 链路层报文头中的源地址是否已经通过身份认证,若已通过,则取出会话密钥 K_{s1}。

从站将需要发出的 Response2 的报文头、数据 data 以及 T_4 连接并使用 SM3 算法求出哈希值

$$H_6 = H(\text{MH}_{\text{Response2}} \parallel \text{data} \parallel T_4)$$

取 H_6 的前 64 位为明文 P_4,将 data 与 P_4 进行连接并且用 K_{s1} 进行加密,得到密文

$$C_3 = E_{K_{s1}}(\text{data} \parallel P_4)$$

从站将 C_3 和 T_4 放在 Response2 的数据对象中,并且在报文 DNP3 链路层报文头的源地址与目的地址中分别填入此前已经约定好的各自的地址,发送该响应报文。

(3) 主站收到 Response2 后,获取当前时间 T_5,取出数据对象中的 T_4,计算时间差

$$\Delta T = |T_5 - T_4|$$

检查 ΔT 是否在规定的时间范围内,如果在,则取出源地址对应的会话密钥 K_{s1},解密 C_3 得到 data' 和 P_4',取出 Response2 的报文头计算哈希值

$$H_7 = H(\text{MH}'_{\text{Response2}} \parallel \text{data}' \parallel T_4)$$

如果 H_7 的前 64 位与 P_4' 相等,则说明主站收到的从站发来的数据是正确的,此时需要进入断开连接阶段。

4. 断开连接阶段

当主站确认收到的数据正确时,可以通过以下方式与从站断开连接。

(1) 发送关闭命令:虽然 DNP3 标准本身不定义一个特定的"断开连接"命令,但是主站可以通过发送特定的控制命令来通知从站即将断开连接,这种控制命令可以是自定义的,也可以是现有的,比如请求从站进入非活动状态。

(2) 关闭物理连接:主站通过关闭底层的 TCP 连接来实现与从站的断开。本节设计的 DNP3 安全协议通过直接关闭物理连接的方式实现主站和从站连接的断开,在主站控制台中输入"x"即可断开连接。

6.5.3 安全性分析

本小节将探讨所设计的 DNP3 安全协议如何有效抵御消息篡改攻击、重放攻击、中间人攻击、窃听攻击和拒绝服务攻击,并与其他文献进行安全性比较。

1. 消息篡改攻击

(1) 身份认证阶段:假设攻击者截获到主站向从站发送的身份认证报文,

并修改其源地址为攻击者地址,从站收到该报文,查询到源地址并不是事先约定好的地址,则从站会丢弃该身份认证报文;假设该攻击者修改身份认证报文中的功能码,但由于身份认证时所需要的功能码固定,因此从站自动忽略该报文;假设攻击者修改了密文 C_1,从站解密 C_1 并通过异或运算得到的明文 P'_1 与真实的 P_1 不相等,则从站就会识别出这是攻击者进行的消息篡改攻击。

(2)数据传输阶段:假设攻击者截获到主站向从站发送的数据报文,并修改其源地址为攻击者地址,从站收到该报文,查询源地址并不存在,则从站会丢弃该数据请求报文;假设攻击者截获到从站向主站发送的数据报文,并修改了密文 C_3,主站收到该数据时解密 C_3 得到的 P'_4 与真实的 P_4 不相等,则主站就会识别出这是攻击者进行的消息篡改攻击。

2. 重放攻击

(1)身份认证阶段:假设攻击者截获了主站给从站发送的身份认证报文,使用重放攻击一直发送同样的报文给从站,从站查看其中的时间戳,若时间戳不在规定时间范围内,则自动丢弃该报文,倘若攻击者一直修改时间戳,将时间戳修改到正确的时间范围,从站解密 C_1 后,通过求哈希值也能判断时间戳被修改,从而认定是攻击者采取了重放攻击,丢弃该报文。

(2)数据传输阶段:假设攻击者获取到从站给主站发送的数据报文,使用重放攻击一直发送同样的报文给主站,主站查看其中的时间戳,若时间戳不在规定时间范围内,则丢弃该报文,倘若攻击者一直修改时间戳,将时间戳修改到正确的时间范围内,主站解密 C_3 后,通过求哈希值能够判断时间戳被修改,从而认定是攻击者采取了重放攻击,丢弃该报文。

3. 中间人攻击

(1)身份认证阶段:假设攻击者通过中间人攻击截获了主站向从站发送的身份认证报文,并获得了数据对象中的 C_1,但攻击者并没有双方预共享的 SM4 密钥,解不开密文 C_1,无法获得其中的随机数 N_c,从而得不到最终的会话密钥 K_{s1}。

(2)数据传输阶段:假设攻击者通过中间人攻击截获了从站向主站发送的数据报文,并获得了数据对象中的 C_3,但攻击者并没有双方协商好的会话密钥,解不开密文 C_3,无法获得其中的数据 data。

4. 窃听攻击

窃听攻击在于当数据和指令以明文方式传送时,攻击者通过截获通信地址对系统传输的信息进行监听进而窃取重要的报文数据。本节设计的 DNP3 安全协议以密文方式进行数据传输,攻击者监听时仅能获得一串密文,如果没有密钥便不会得到正确数据。

5. 拒绝服务攻击

本节设计的协议在身份认证阶段和数据传输阶段均需要将 DNP3 报文头的整个部分作为所需信息进行完整性验证,当主站和从站受到拒绝服务攻击时,各自会迅速识别这些报文并丢弃,从而降低该攻击的影响。

6.5.4 仿真实验

1. 实验结果

本实验中具体的软件环境与硬件环境如表 6-10 所示。

表 6-10 软件环境与硬件环境

实验软/硬件环境	具体配置
编程语言	Java
软件	IntelliJ IDEA 2022.2.1
处理器	Inter(R) core(TM) i5-12500H
CPU 主频	2.50 GHz
机带 RAM	16.0 GB
操作系统	Win 11 64 位

如图 6-22 所示,开启从站,监听本机的 20000 端口,从图中可以看到,有几个可选选项,其中,"o"代表从站存入数据,"quit"代表断开连接。

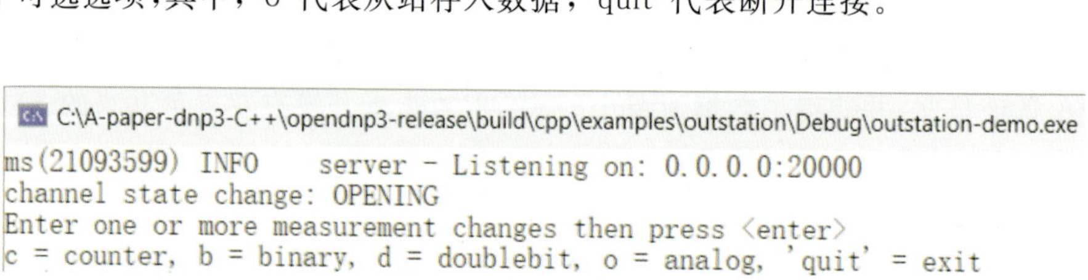

```
C:\A-paper-dnp3-C++\opendnp3-release\build\cpp\examples\outstation\Debug\outstation-demo.exe
ms(21093599) INFO     server - Listening on: 0.0.0.0:20000
channel state change: OPENING
Enter one or more measurement changes then press <enter>
c = counter, b = binary, d = doublebit, o = analog, 'quit' = exit
```

图 6-22 从站监听 20000 端口

然后主站向从站发送身份认证报文,从站收到报文后进行认证,如图 6-23 所示,从站验证主站的身份后,可以随时将数据进行加密并等待主站读取。

第 6 章 基于国密的工控安全协议

```
request_objects长度及具体值: 68
29, 01, 28, 09, 00, 00, 00, 1c, ba, 00, 00, 00, 01, 00, 1c, 85, 00, 00, 00, 02, 00, 00, db, 00, 00, 00, 03, 00, f8, d7,
00, 00, 00, 04, 00, 02, 86, 00, 00, 00, 05, 00, 2b, d2, 00, 00, 00, 06, 00, 8c, c2, 00, 00, 00, 07, 00, 1e, 1e, 00, 00,
00, 08, 00, 2c, f1, 41, 01, 00,
obj.length: 68
t1:
01 41 f1 2c
T2-T1:0
t2:
01 41 f1 2c
p1哈希前的值:
05 64 4c c4 0a 00 01 00 ef a1 c0 c0 05 29 01 01 41 f1 2c
p1:
3d 29 2f 61 2b b2 3d fc
p2:
1f 27 1e 01 d3 5a 89 75
request_objects的类型: unsigned char
密文为:
ba 1c 85 1c db 00 d7 f8 86 02 d2 2b c2 8c 1e 1e
解密后的明文为: ++++++++++++++++++++++++++++++++++++
0c 1b 1d 50 19 81 0c cd 2e 15 2c 30 e1 69 b8 44
or1:
0c 1b 1d 50 19 81 0c cd
or2:
2e 15 2c 30 e1 69 b8 44
Nc:
31 32 32 31 32 33 31 31
p11:
3d 29 2f 61 2b b2 3d fc
p11和p1是相同的。从站验证主站的身份,并且从站将数据进行加密等待主站的读取(使用"o")
```

☐ 主站请求身份认证报文

图 6-23 从站收到主站的身份认证报文并验证

之后从站向主站发送响应报文,并在响应报文中附带挑战,主站收到后进行验证,如图 6-24 所示,主站验证成功后,可以随时向从站发起轮询模式读取数据,只需要在命令行中写入"a"即可。

```
此处为主站收到从站非读数据的消息时进行的判断
message+++++++++++++++++++++++++++++++++++++++
t3:
01 41 f1 b9
t2:
01 41 f1 2c
T3 - T2:141
p2:
1f 27 1e 01 d3 5a 89 75
p3哈希前的值:
05 64 4e 44 01 00 0a 00 7d c6 c0 c0 81 90 00 29 01 01 41 f1 2c p3:
9c 31 55 32 b8 b9 ac c1
密文++++++++++++++++++|||||+++++++++++++++++
34 90 cb f8 ce 7c 7b 72 12 8a d4 81 b5 ed 09 da
明文+++++++++++++++++++++++++++++++++++++++++
ad 03 66 01 8a 88 9d f3 2e 15 2d 32 e1 6b b8 47
or3:
ad 03 66 01 8a 88 9d f3
or4:
2e 15 2d 32 e1 6b b8 47
Ns:
31 32 33 33 32 31 31 32
p22:
9c 31 55 32 b8 b9 ac c1
p33和p3是相同的。主站验证从站的身份,使用"a"进行读数据
```

☐ 从站响应身份认证报文

图 6-24 主站收到从站的响应报文并验证

当从站没有把数据写入指定位置时,主站会通过轮询模式一直向从站读取数据,但因为时间戳不对验证失败,如图6-25所示。

```
此处为主站收到从站读数据的消息时进行的判断
t5:
01 41 f1 f8
t4:
00 00 00 00
T5 - T4:21099000
时间戳错误!
```

图 6-25　主站读不到正确数据

从站在命令行写入"o",将加密后的数据放入指定位置,如图6-26所示。

```
o
t4:
01 41 ff 65
p4哈希前的值
05 64 3c 44 01 00 0a 00 f4 c7 c1 c1 81 90 00 1e 01 31 31 31 31 31 31 31 01 41 ff 65
p4:
45 26 d3 fa 5f 0e 1d c7
明文:
31 31 31 31 31 31 31 31 45 26 d3 fa 5f 0e 1d c7
密文:
e6 26 a5 6c c4 93 f4 fb da bc 77 18 ff 5d 93 a4
```
　　　　　　　　　　　　□ 数据传输阶段加密后的数据

图 6-26　从站写入数据

此时主站通过轮询模式在 3 s 内一定能读取到正确数据,如图6-27所示。

```
此处为主站收到从站读数据的消息时进行的判断
t5:
01 42 08 00
t4:
01 41 ff 65
T5 - T4:2203
密文:
e6 26 a5 6c c4 93 f4 fb da bc 77 18 ff 5d 93 a4
明文++++++++++++++++++++++
31 31 31 31 31 31 31 31 45 26 d3 fa 5f 0e 1d c7
data:
31 31 31 31 31 31 31 31
p4:
45 26 d3 fa 5f 0e 1d c7
p4哈希前的值
05 64 3c 44 01 00 0a 00 f4 c7 c1 c1 81 90 00 1e 01 31 31 31 31 31 31 31 01 41 ff 65
p44:
45 26 d3 fa 5f 0e 1d c7
p44与p4相等,所得数据正确!!!!!
```
　　　　　　　　　　　　□ 数据传输阶段主站得到的正确数据

图 6-27　主站读取正确数据

第 6 章 基于国密的工控安全协议

当主站读取到正确数据后,其只需在命令行写入"x"就可以提前断开连接,如图 6-28 所示。

```
x
channel state change: CLOSED
channel state change: SHUTDOWN
C:\A-paper-dnp3-C++\opendnp3-release\build\cpp\examples\master\Debug\master-demo.exe (进程 20344)已退出,代码为 0。
```

图 6-28　主站断开连接

在 Wireshark 中抓取传统 DNP3 协议数据包与所提 DNP3 安全协议数据包,如图 6-29 所示。

传统 DNP3 协议数据包中传输的数据是明文,本节所提 DNP3 安全协议数据包中传输的是密文,攻击者截获到该报文后,没有会话密钥就得不到正确数据。

2. 计算开销

本节所设计的 DNP3 安全协议采用预共享密钥的方式对主站和从站进行身份认证。图 6-30 所示为本协议通信双方在身份认证阶段与数据传输

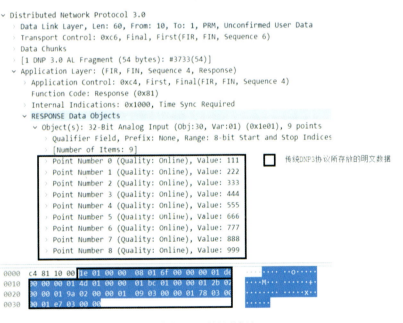

(a)传统 DNP3 协议数据包

图 6-29　Wireshark 抓取 DNP3 数据包

```
∨ Distributed Network Protocol 3.0
  > Data Link Layer, Len: 60, From: 10, To: 1, PRM, Unconfirmed User Data
  > Transport Control: 0xc7, Final, First(FIR, FIN, Sequence 7)
  > Data Chunks
  > [1 DNP 3.0 AL Fragment (54 bytes): #8194(54)]
  ∨ Application Layer: (FIR, FIN, Sequence 7, Response)
    > Application Control: 0xc7, First, Final(FIR, FIN, Sequence 7)
      Function Code: Response (0x81)
    > Internal Indications: 0x9000, Device Restart, Time Sync Required
    ∨ RESPONSE Data Objects
      ∨ Object(s): 32-Bit Analog Input (Obj:30, Var:01) (0x1e01), 9 points
        > Qualifier Field, Prefix: None, Range: 8-bit Start and Stop Indices
        > [Number of Items: 9]
          > Point Number 0 (Quality: Online), Value: 38864
          > Point Number 1 (Quality: Online), Value: 49246
          > Point Number 2 (Quality: Online), Value: 3630
          > Point Number 3 (Quality: Online), Value: 48649
          > Point Number 4 (Quality: Online), Value: 27502
          > Point Number 5 (Quality: Online), Value: 30693
          > Point Number 6 (Quality: Online), Value: 49585
          > Point Number 7 (Quality: Online), Value: 32896
          > Point Number 8 (Quality: Online), Value: 716901109
```

□ 本文设计的DNP3安全协议所存放的加密数据

```
0000  c7 81 90 00 1e 01 00 00 08 01 d0 97 00 00 01 5e    ...............^
0010  :0 00 00 01 2e 0e 00 01 09 be 00 00 01 6e 6b       .............nk
0020  00 00 01 e5 77 00 00 01 b1 c1 00 00 01 80 80 00    ....w...........
0030  00 01 f5 0a bb 2a                                  .....*
```

（b）本节所提 DNP3 安全协议数据包

续图 6-29

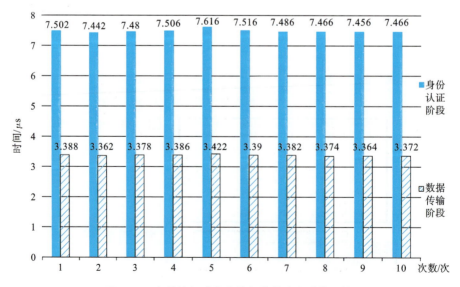

图 6-30 身份认证阶段和数据传输阶段计算开销

阶段产生的计算开销总和。统计图横坐标为实验次数,纵坐标为计算开销时间。

实验结果表明,身份认证阶段的平均计算开销为 7.494 μs,数据传输阶段平均计算开销为 3.382 μs,总平均计算开销为 10.876 μs。

参考文献

[1] NIST SP800-82. Guide to Industrial Control Systems (ICS) Security [S]. Gaithersburg: National Institute of Standards and Technology (NIST),2011.

[2] 彭勇,江常青,谢丰,等.工业控制系统信息安全研究进展[J].清华大学学报(自然科学版),2012,52(10):1396-1408.

[3] 赖英旭,刘增辉,蔡晓田,等.工业控制系统入侵检测研究综述[J].通信学报,2017,38(2):143-156.

[4] 刘威,李冬,孙波.工业控制系统安全分析[J].信息网络安全,2012(8):41-43.

[5] 杨安,孙利民,王小山,等.工业控制系统入侵检测技术综述[J].计算机研究与发展,2016,53(9):2039-2054.

[6] 张志杰.嵌入式系统在工业控制中的应用[D].成都:电子科技大学,2005.

[7] 杨广才,唐学嫒.工业控制系统发展新技术[J].机床电器,2007,34(1):5-8.

[8] 潘世永,郑萍,李英.集散控制系统(DCS)的发展及展望[J].自动化与仪器仪表,2003(4):4-6.

[9] 郝智刚.试论PLC与智能仪表的通讯设计与实现[J].山东工业技术,2018(20):158.

[10] 张磊.AIBUS现场通信总线的PLC工控设计方案[J].现代制造,2006(9):62-63.

[11] 许连阁,石敬波,马宏骞.三菱FX3UPLC应用实例教程[M].北京:电子工业出版社,2018.

[12] 任凤清.工业控制计算机系统的发展及应用[M].北京:冶金工业出版社,1999.

[13] 阳宪惠.工业数据通信与控制网络[M].北京:清华大学出版社,2003.

[14] 金以慧,王诗宓,王桂增.过程控制的发展与展望[J].控制理论与应用,

1997(2):145-151.

[15] 于霞,刘建昌,李鸿儒.时变系统控制方法综述[J].控制与决策,2011,26(9):1281-1287,1294.

[16] 陈晓芳,刘珊中.基于S88标准的批量控制的阶段控制策略研究与实现[J].化工自动化及仪表,2010,37(9):17-20,24.

[17] 魏祺.工业控制系统信息安全研究综述[J].通信电源技术,2019,36(5):225-226.

[18] 向宏,傅鹂,叶春晓.欧盟工控系统安全研究与举措[J].中国信息安全,2012(3):60-61.

[19] 李宁,王潇茵,经小川.工业控制系统信息安全防护体系解决方案探讨[J].自动化博览,2015(z2):93-96.

[20] 李乾.信息系统脆弱性评估研究[D].太原:太原理工大学,2012.

[21] 董晓宁,赵华容,李殿伟,等.基于模糊证据理论的信息系统安全风险评估研究[J].信息网络安全,2017(5):69-73.

[22] 周升进.信息安全风险评估研究及应用[D].北京:北京邮电大学,2014.

[23] 何全胜,姚国祥.网络安全需求分析及安全策略研究[J].计算机工程,2000,26(6):56-58.

[24] 武威,马小宁,刘彦军,等.铁路数据服务平台安全策略研究[J].中国铁路,2019(8):63-68.

[25] 李阳,宋睿,聂迎燕.信息安全风险分析及解决方案[J].电信快报,2015(3):23-27.

[26] 曹勇,吴功宜.开放安全的Internet/Intranet信息系统体系结构的研究与实现[J].计算机工程与应用,2000,36(1):108-114.

[27] 张惠.信息系统运维阶段信息安全风险评估工作研究[J].网络安全技术与应用,2018(6):15-17.

[28] 谢娟.智慧城市公共服务平台安全资源建设研究[J].智能建筑与智慧城市,2021(8):67-68.

[29] 王鹏.一种信息系统网络脆弱性评估方法[J].网络安全技术与应用,2015(2):21-22,24.

[30] 刘昕,贾冬梅,叶国权.网络脆弱性研究方法及其存在问题[J].软件,2012,33(7):114-116,122.

[31] 田小平.涉密信息系统设计与实现[D].广州:华南理工大学,2011.

[32] 张竞,薛质,林梦泉,等.基于威胁分析的信息系统风险评估方法[J].计算机工程,2004,30(18):56-58.

[33] 门永生.上海电网重要基础设施脆弱性评估研究[D].北京:北京科技大学,2015.

[34] 刘宝利,肖晓春,张根度.基于层次分析法的信息系统脆弱性评估方法[J].计算机科学,2006,33(12):62-64.

[35] 方栋梁,刘圃卓,秦川,等.工业控制系统协议安全综述[J].计算机研究与发展,2022,59(5):978-993.

[36] 冯涛,鲁晔,方君丽.工业以太网协议脆弱性与安全防护技术综述[J].通信学报,2017,38(S2):185-196.

[37] 郭骅祥,杨延超.基于OPC协议的数据采集实际应用分析[J].工业控制计算机,2019,32(9):40-41,43.

[38] 凌从礼.工业控制系统脆弱性分析与建模研究[D].杭州:浙江大学,2013.

[39] 李文轩.工控系统网络协议安全测试方法研究综述[J].单片机与嵌入式系统应用,2019,19(9):18-21.

[40] 刘昕,贾冬梅,叶国权.网络脆弱性研究方法及其存在问题[J].软件,2012,33(7):114-116,122.

[41] 谢云龙.工业控制系统主机安全防护研究与实践[J].自动化博览,2019,36(z1):99-101.

[42] 张翔宇,路来顺.工业控制系统网络安全分析与研究[J].网络空间安全,2019,10(5):114-120.

[43] 常旭鹏.工业控制系统的信息安全研究[J].现代工业经济和信息化,2018,8(7):52-53.

[44] 徐达.工业控制系统信息安全现状[J].电脑知识与技术,2019,15(26):38-39.

[45] 黄杰.工控网络安全浅析[J].网络安全技术与应用,2021(2):104-105.

[46] 陈新东.工业控制系统安全分析[J].中国新通信,2020,22(7):134.

[47] 赖英旭,刘静,刘增辉,等.工业控制系统脆弱性分析及漏洞挖掘技术研究综述[J].北京工业大学学报,2020,46(6):571-582.

[48] 桑圣洁.工控生产网网络及应用安全研究[J].计算机安全,2014(2):44-47.

[49] 工业控制系统安全国家地方联合工程实验室.工业互联网安全百问百答

[M].北京:电子工业出版社,2020.

[50] 李实,万睿,周帅.工控系统脆弱性分析研究[J].信息技术与网络安全,2022,41(3):26-31.

[51] 赵俊华,梁高琪,文福拴,等.乌克兰事件的启示:防范针对电网的虚假数据注入攻击[J].电力系统自动化,2016,40(7):149-151.

[52] 刘佳杰,伍宇波,张煜,等.威胁建模在安全态势感知中的应用研究[J].中国金融电脑,2018(11):81-85.

[53] 周明,吕世超,游建舟,等.工业控制系统安全态势感知技术研究[J].信息安全学报,2022,7(2):101 119.

[54] 黄慧萍,肖世德,孟祥印.基于攻击树的工业控制系统信息安全风险评估[J].计算机应用研究,2015,32(10):3022-3025.

[55] 禹星辉.电子商务软件的威胁建模和威胁疏解方案研究[D].秦皇岛:燕山大学,2020.

[56] 叶翔. 2.4 GHz RFID 大容量标签系统安全性分析与测评[D].成都:电子科技大学,2014.

[57] 时忆杰.移动互联环境下工业控制系统安全问题研究[D].北京:北京邮电大学,2016.

[58] 叶鑫豪,周纯杰,朱美潘,等.DDoS 攻击下基于 SDN 的工业控制系统边云协同信息安全防护方法[J].信息安全研究,2021,7(9):861-870.

[59] 李和林.基于改进的 TWSVM 工业控制系统入侵检测方法研究[D].长春:吉林大学,2020.

[60] 丁晓倩.基于流量模型的工业控制系统入侵检测研究与应用[D].合肥:中国科学院大学,2021.

[61] XU L D, LU Y, LI L. Embedding blockchain technology into IoT for security：A survey[J]. IEEE Internet of Things Journal,2021,8(13):10452-10473.

[62] XU X,JIN Y,ZENG Z,et al. Hierarchical lightweight high-throughput blockchain for industrial Internet data security[J]. Computer Integrated Manufacturing Systems,2019,25(12):3258-3266.

[63] AGGARWAL S,KUMAR N,GOPE P. An efficient blockchain-based authentication scheme for energy-trading in V2G networks[J]. IEEE Transactions on Industrial Informatics,2020,17(10):6971-6980.

[64] LATIF S, IDREES Z, AHMAD J, et al. A blockchain-based architecture for secure and trustworthy operations in the industrial Internet of things [J]. Journal of Industrial Information Integration, 2021, 21: 100190.

[65] LI R, SONG T, MEI B, et al. Blockchain for large-scale Internet of things data storage and protection[J]. IEEE Transactions on Services Computing, 2019, 12(5): 762-771.

[66] MAW A, ADEPU S, MATHUR A. ICS-BlockOpS: Blockchain for operational data security in industrial control system[J]. Pervasive and Mobile Computing, 2019, 59: 101048.

[67] ZHANG L, PENG M, WANG W, et al. Secure and efficient data storage and sharing scheme for blockchain-based mobile-edge computing[J]. Transactions on Emerging Telecommunications Technologies, 2021, 32(10): e4315.

[68] FAN Y K, ZHAO G Q, LEI X, et al. SBBS: A secure blockchain-based scheme for IoT data credibility in fog environment[J]. IEEE Internet of Things Journal, 2021, 8(11): 9268-9277.